동·곡·총·서
3집·2권

일타큰스님의 기도성취 영험담 모음집

祈기 禱도

효림

기도 祈禱

초 판	1쇄 펴낸날	1995년 10월 16일
	34쇄 펴낸날	2023년 6월 16일

지은이 일타스님
엮은이 김현준
펴낸이 김연지
펴낸곳 효림출판사

등록일 1992년 1월 13일 (제 2-1305호)
주 소 서울시 서초구 반포대로14길 30, 907호 (서초동, 센츄리Ⅰ)
전 화 02-582-6612, 587-6612
팩 스 02-586-9078
이메일 hyorim@nate.com

값 8,000원

ⓒ 효림출판사 1995
ISBN 978-89-85295-03-1   03220

잘못 만들어진 책은 바꿔 드립니다.
이 책은 저작권법에 따라 보호를 받는 저작물이므로 무단전재와 무단복제를 금지합니다.

서 문

하늘의 밝은 달 높은 산봉 비추이고
부처님 대자대비 유연중생 제도하네
천강에 비친 달이 달 하나에 매였나니
중생이 절감하면 제불이 응하도다

天月이 普照나　先照高山하고
佛慈가 廣大나　先濟有緣하나니
感應道交는　如澄水月이라
一切水月을　一月總攝이로다

　사람의 한평생 가운데 마음 먹은 대로 되는 일이란 지극히 적다. 우선 머리 속이 갖가지 생각들로 얽히고 설켜 있으니 혼돈이 지극하고, 말과 행동으로 지은 업들이 '나'의 앞길을 막고 있으니 마음 먹은 대로 살아갈 수가 없다.
　그러나 살다 보면 특별한 노력을 기울여서라도 꼭 이루어야 할 일들도 있다. 그때는 어떻게 해야 하는가? 바로 그때 필요한 것이 기도이다. 부처님이나 큰 힘을 지닌 보살님께서 세운 행원력(行願力), '고통받는 중생을 남김없이 구제하겠다'는 그 행원력에 의지하여 간절히 소원을 비는 기도법이 마련되어 있는 것이다. 그렇다면 이 기도는 어떠한 마음가짐으로 해야 하는 것일까?

 기도를 할 때는 지극한 마음, 간절한 마음 하나면 족하다. 복잡한 형식이나 고차원적인 생각이 필요한 것이 아니다. 그냥 간절하게 부처님을 생각하고 지극한 마음을 전하면 된다. 소원을 이루고자 하는 마음 하나로 굳게 뭉치면 되는 것이다.

 "잘되게 하소서. 잘되게 해주소서. 잘되게 해주십시오……."

 이렇게 간절히 기도를 하다 보면 일념삼매(一念三昧)에 빠져 들게 되고, 잠깐이라도 깊은 기도삼매에 빠져 들면 불보살의 가피력을 입어 소원을 남김없이 성취할 수 있게 된다.

 또 한 가지 마음에 새겨야 할 점은 요행수를 바라지 말고 자력(自力)으로 기도하라는 것이다.

 불자들 중에는 '기도하기가 어렵다'고 하는 사람이 더러 있다. 그런데 그 까닭이 기도법을 몰라서라기보다는 마음의 자세가 잘못되었기 때문이라는 사실을 아는 이가 드물다.

 우리 주위를 살펴보면 수십 년을 절에 다닌 신도들조차 요행수를 바라며 기도하는 경우를 많이 찾아볼 수 있다. 그러나 기도에는 요행수가 통하지 않는다. 태양이 어느 곳에나 평등하게 빛을 비추듯이 불보살의 광명정대한 자비는 언제나 중생들의 정성과 함께 할 뿐, 요행을 바라는 마음과는 결코 함께 하는 법이 없다.

 요행수를 바라지 않고 신심 있는 기도를 할 때 환희심이 샘솟고, 환희심이 생기면 신심도 더욱 확고해진다. 아울러 환희심이 가득한 곳에는 괴로움이 있을 수 없고, 언제나 기쁘고 즐겁고 평안함이 깃들기 마련인 것이다.

 이 ≪기도≫ 책에는 이 산승과 가족·친구·도반·선배·제자·신도들이 직접 체험한 기도 이야기를 반 이상 수록하였다. 기도하는 우리 불자들에게 확고한 믿음을 심어 주는 데는 이 이상 좋은 것이 없다고 생각하였기 때문이다. 아울러 전래되는 수많은 기도성취담 중에서 그다지 널리 알려지지 않았고 감명이 깊은 20여 편의 이야기를 가려 뽑아 유형별로 엮었다. 그리고 하나하나의 이야기 끝에는 될 수 있는 한 약간의 해설을 붙여 기도법을 이해하는 데 도움이 되도록 하였다.

거듭 강조하건대 기도성취의 비결은 '간절 절(切)'에 있고, '간절 切'은 삼매로 통하게 되어 있다. 그리고 우리가 간절히 기도하여 잠깐이라도 삼매를 이루게 되면 불보살의 가피가 저절로 찾아 들게 되어 있다.

모든 불자들이여. 형편 따라 능력 따라 내 마음을 내가 모으는 기도를 하자. 흩어진 정신에너지를 하나로 모아서 불보살과 한 몸을 이루는 기도를 하자.

이렇게만 하면 불보살께서 은근히, 그리고 현실 속에서 우리를 보호함은 물론, '나'에게 갖추어져 있는 영원생명·무한능력이 개발되고, '내'가 서 있는 이곳 또한 사바세계가 아닌 불국토로 바뀌게 된다.

부디 올바른 신심으로 참된 기도를 하는 불자가 되기를 당부드린다.

신심은 도의 근원 공덕의 어머니
모든 선근 좋은 일 낳고 길러내나니
지혜와 복덕과 모든 공덕 이룩하고
반드시 성불도를 성취하게 되느니라

    信爲道源功德之母라
    長養一切諸法善根하며
    信能增長智慧功德하고
    信能必到成佛之地하리라

                          불기 2539년 팔월 한가위
                             가야산 해인사에서
                                 東谷 日陀

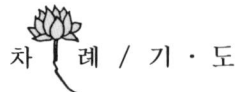
차례 / 기·도

서문 · 5

I. 나와 가족 · 제자의 기도 이야기

- 외증조할머니의 기도와 방광 · 17
- 지장기도로 깨달음을 이룬 큰외삼촌 · 26
- 방귀 기운이 위로 올라갔으니 · 30
- 허공을 빨아들인 나의 기도 · 33
- 7일 단식 기도 · 38
- 착심(着心)을 놓게 한 기도 · 40
- 손가락 열두 마디를 태우며 · 46
- 방광과 함께 모든 시비는 사라지고 · 50
- 이어지는 명훈가피(冥熏加被) · 53
- 혜인스님의 1백만배 기도 · 56

II. 기도는 깨달음의 지름길

- 머리를 바꾸어 단 구나발마 스님 · 61

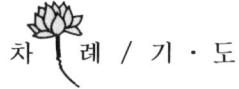
차 례 / 기 · 도

- 관음기도로 목소리가 좋아진 법교스님 · 64
- 진표율사의 자서수계(自誓受戒) · 67
- 심지스님의 참회 · 72
- 선하자 스님의 오도(悟道) · 76
- 잠을 쫓고 불망지를 이룬 수월스님 · 80
- 견성의 기틀을 마련한 백용성 스님 · 83
- 윤회와 인과응보를 깨닫다 · 86

Ⅲ. 업병도 불치병도 기도를 통하여

- 문둥병을 고친 남호스님 · 95
- 모다라니 10만번을 외우고 · 98
- 보해스님의 만성 위궤양 · 101
- 불구의 다리를 고친 화엄스님 · 106
- 위암에 걸린 무량심 보살 · 109
- 다기 물을 받아 마시고 · 112
- 악성빈혈에서 벗어난 제주도 노보살 · 115
- 농약을 먹고 죽고자 했던 처사 · 117

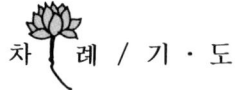

차 례 / 기 · 도

- 문수동자가 준 산삼을 먹고 · 121
- 수염이 난 고자대감 · 126

Ⅳ. 목숨을 구한 일념의 기도

- 대신 칼을 받은 돌부처님 · 133
- 연꽃이 된 관세음보살 · 138
- 관음의 가피로 목숨을 건진 한용운 스님 · 141
- 감옥에서 죽게 된 금오스님 · 146
- 아내의 기사회생과 관음 기도 · 150
- 김석원 장군의 몽수경 기도 · 154
- 사형선고 받은 아들을 살린 어머니 · 157
- 삼풍 붕괴 현장의 기적 같은 생환 · 164

Ⅴ. 생활 속의 기도와 득력(得力)

- 방광을 한 장처사의 지팡이 · 173
- 부자가 된 동래 온천장의 막내보살 · 175

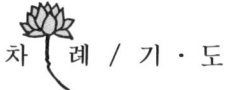
차례 / 기·도

- 마하반야바라밀을 외운 도자기공장 사장 · 178
- 기도로써 보이지 않는 매듭을 풀고 · 180
- 사법고시에 합격한 세 청년 · 183
- 거리에 나앉게 된 여섯 모자 · 188
- 아들의 버릇을 고친 7일 삼천배 기도 · 192
- 숲속의 부처님과 원나라 황제 · 196

Ⅵ. 기도인을 바른 길로

- 기도로 얻은 힘을 함부로 쓴 동월스님 · 201
- 다시 어두워진 진명거사 · 206
- 조개 속의 관세음보살 · 212
- 관음경에 꽂힌 칼 · 215
- 조신스님의 사랑과 꿈 · 218
- 집에 계신 관세음보살 · 223
- 시운선사의 참회 · 227
- 부처님의 영험을 입고 태어난 대각국사 · 233

I
나와 가족·제자의 기도 이야기

외증조할머니의 기도와 방광

나의 가족은 친가·외가를 합하여 모두 41명이 승려가 되었습니다. 이 41명의 출가는 석가모니 부처님과 그 일족의 출가 이후 가장 많은 숫자로 기록되고 있습니다. 그렇다면 이 41명의 출가는 우연하게 이루어진 것인가? 아닙니다. 나의 외증조할머니인 이평등월(李平等月) 보살의 기도와 입적(入寂), 그리고 방광의 이적(異蹟)이 그 밑바탕에 깔려 있습니다.

안성이씨(安城李氏) 평등월 보살은 일찍이 우리나라 제일의 양반으로 치던 광산김씨(光山金氏) 집안으로 시집을 갔습니다. 그녀는 남편 김영인(金永仁)의 아낌없는 사랑 속에서 삼형제를 낳아 기르며, 학식 있는 양반집 안방마님으로 부족함 없이 살았습니다.

그런데 나이 60이 조금 지났을 때 갑자기 불행이 닥쳐왔습니다. 남편이 남의 빚보증을 섰다가 대부분의 재산을 날려 버렸고, 연이어 시름시름 앓던 남편은 끝내 저 세상 사람이 되어 버린 것입니다. 평등월 보살이 실의(失意)에 잠겨 헤어나지 못하고 있자, 이미 장성하여 가정을 꾸리고 있던 만수(萬洙)·완수(完洙)·은수(恩洙) 세 아들은 머리를 맞대고 상의했습니다.

"이제 시대는 바뀌었다. 우리가 양반이라고 마냥 이렇게 살 것이 아니다. 노력하여 돈을 벌어야 한다."

이렇게 결의한 세 아들은 어머니를 찾아갔습니다.

"어머니께서는 조금도 염려 마십시오. 이제부터 저희들이 집안을 꾸려 어머니를 편안하게 모시겠습니다."

그리고는 남은 재산을 모두 처분하여 목화를 솜으로 만드는 솜틀기계 한 대를 일본에서 구입하였습니다. 기계를 발로 밟으면서 목화를 집어 넣으면 껍질은 껍질대로, 씨는 씨대로 나오고 솜은 잘 타져서 이불짝처럼 빠져 나오는, 당시로서는 최신식 기계였습니다.

이렇게 공주 시내 한복판의 시장에다 솜틀공장을 차린 삼형제는 작업복을 입고 하루 여덟 시간씩 3교대로 직접 솜틀기계를 돌렸습니다. 기계는 24시간 멈출 때가 없었습니다. 공주 사람들은 그 솜틀기계 돌아가는 소리를 듣고 "공주도 이제 개명을 하는구나." 하면서 '공주개명(公州開明)! 공주개명!'을 외쳤습니다.

마침내 공주 주변에서 생산되는 목화는 모두 이 공장으로 들어왔고, 산더미같이 쌓인 목화가 솜이 되어 나오는 양이 많아지면 많아질수록 집안에는 돈이 쌓여 갔습니다.

월말이 되면 삼형제는 한 달 번 돈을 나누었습니다. 그런데 세 몫이 아니라 네 몫으로 나누었습니다. 남는 한 몫은 누구의 것이겠습니까? 바로 어머니 평등월 보살의 것이었습니다.

하지만 그 돈을 어머니께 직접 드리지는 않았습니다. 어머니께서 한 달 동안 '삼형제 중 누구 집에 며칠을 계셨느냐'에 따라 그 집에 직접 분배를 하는 것입니다. 가령 큰아들 집에 보름을 계셨으면 반을 큰아들 집에, 막내아들 집에 열흘을 계셨으면 3분의 1을 막내아들 집에 주었습니다.

이렇게 하니 며느리들은 서로 시어머니를 잘 모시기 위해 갖은 정성을 다 기울였습니다. 집집마다 어머니 방을 따로 마련하여 항상 깨끗하게 꾸며 놓았고, 좋은 옷에 맛있는 음식으로 최고의 호강을 시켜 드렸습니다. 때때로 절에 가신다고 하면 서로 시주할 돈을 마련해 주는 것은 물론이었습니다.

마침내 이 집안은 공주 제일의 효자 집안으로 소문이 났고, 벌어들인 돈으로는 논 백 마지기를 다시 사들이기까지 하였습니다. 평능월 보살은 신이 났습니다. 그렇게 행복할 수가 없었습니다.

이렇게 매일매일을 평안함과 기쁨 속에서 지내던 할머니가 막내아들 집에 가 있던 어느 날, 한 비구니 스님이 탁발을 하러 왔습니다. 그 스님을 보자 할머니는 눈앞이 밝아지는 듯했습니다.

"아! 어쩌면 저렇게도 잘생겼을까? 마치 관세음보살님 같구나."

크게 반한 할머니는 집안에서 가장 큰 바구니에다 쌀을 가득 퍼서 스님의 걸망에 부어 드렸습니다. 그때까지 비구니 스님은 할머니를 조용히 보고만 있다가 불쑥 말을 걸었습니다.

"할머니! 요즘 세상 사는 재미가 아주 좋으신가 보지요?"

"아, 좋다마다요. 우리 아들 삼형제가 모두 효자라서 얼마나 잘해 주는지······. 스님, 제 말 좀 들어 보실래요?"

할머니는 신이 나서 아들 자랑을 시작했고, 며느리 자랑, 손자 자랑까지 일사천리로 늘어놓았습니다. 마침내 할머니의 자랑은 끝에 이르렀고, 장시간 묵묵히 듣고만 있던 스님은 힘주어 말했습니다.

"할머니, 그렇게 세상일에 애착을 많이 가지면 죽어서 업(業)이 됩니다."

"업?"

충청도 사람들은 '죽어서 업이 된다'고 하면 구렁이가 된다는 것으로 알고 있습니다. 죽어서 큰 구렁이가 되어 고방(庫房) 안의 쌀독을 칭칭 감고 있는 업! 할머니는 그 '업'이라는 말을 듣자마자 머리카락이 하늘로 치솟는 것 같았습니다.

"아이구, 스님! 어떻게 하면 업이 되지 않겠습니까?"

"벌써 업이 다 되어 가는데 뭐······. 지금 와서 나에게 물은들 뭐하겠소?"

스님은 바랑을 짊어지고 돌아서서 가 버렸습니다. 그러나 할머니는 포기할 수 없었습니다. '업만은 면해야 한다'는 일념으로 5리, 10리 길을 쫓아가면서 스님께 사정을 했습니다.

"스님, 제발 하룻밤만 저희 집에 머무르시면서 업을 면할 수 있는 방법을 가르쳐 주십시오. 스님, 제발 저 좀 살려 주십시오."

간청에 못 이겨 다시 집으로 온 스님은 할머니가 이끄는 대로 방으로 들어갔습니다. 그러나 스님은 윗목에서 벽을 향해 앉아 말 한 마디 없이 밤을 새웠고, 할머니 역시 스님의 등 뒤에 앉아 속으로만 기원을 하고 있었습니다.

'제발 업이 되지 않는 방법을 일러주십시오. 제발······.'

마침내 날이 밝아오기 시작하자 스님은 할머니 쪽으로 돌아앉았습니다.

"정말 업이 되기 싫소?"

"아이구, 제가 업이 되어서야 되겠습니까? 안됩니다, 스님. 절대로 안됩니다. 인도환생(人道還生) 하든지 극락세계에 가도록 해주십시오."

"정말 업이 되기 싫고 극락에 가기를 원하면 오늘부터 행실을 바꾸어야 하오."

"어떻게 해야 합니까?"

"오늘부터 발은 절대로 이 집 밖으로 나가지 않도록 하고, 입으로는 '나무아미타불'만 부르고, 일심으로 아미타불을 친견하여 극락에 가기만을 기원하시오."

스님의 '집 밖으로 나가지 말라'는 말씀은 몸 단속을 하라는 것이고, '나무아미타불을 불러라'는 것은 입 단속, '일심으로 극락왕생할 것을 기원하라'는 것은 생각 단속입니다. 곧 몸〔身〕과 입〔口〕과 생각〔意〕의 삼업(三業)이 하나가 되게 염불할 것을 가르쳐 준 것입니다. 그러나 할머니는 쉽게 이해가 되지 않았습니다.

"스님, 다시 한번 자세히 일러주십시오."

"보살님 나이가 '70이 다 되었는데, 앞으로 살면 얼마나 살겠소? 돌아가실 날까지 '나무아미타불'을 열심히 부르면 업 같은 것은 십만 팔천 리 밖으로 도망가 버리고, 극락세계에 갈 수 있게 됩니다. 그러니 오늘부터는 첫째나 둘째 아들 집에도 가지 말고, 이웃집에도 놀러가지 마십시오. 찾아오는 사람에게 집안 자랑 하지도 말고, 오직 이 집에서 이 방을 차지하고 앉아 죽을 주면 죽을 먹고 밥을 주면 밥을 먹으면서 '나무아미타불'만 외우십시오. 그리고 생각으로는 극락 가기를 발원하십시오. 그렇게 하겠습니까?"

"꼭 그렇게 하겠습니다."

할머니는 다짐을 하면서 큰절을 올렸고, 스님은 옆에 놓아 두었던 삿갓을 들고 일어서서 벽에다 건 다음 슬며시 방문을 열고 나갔습니다. 걸망도 그대로 둔 채······.

'변소에 가시나 보다.'

그러나 한번 나간 스님은 영영 돌아올 줄 몰랐습니다. 사람을 풀어 온 동네를 찾아보게 하였으나 '보았다'는 사람조차 없었습니다.

'아! 그분은 문수보살님이 틀림없다. 문수보살님께서 나를 발심시키기 위해 오신 것이 분명하다.'

생각이 여기에 미치자 더욱 발심(發心)이 되었습니다. 할머니는 방의 가장 좋은 위치에 스님의 삿갓과 걸망을 걸어 놓고, 아침에 눈만 뜨면 몇 차례 절을 올린 다음 '나무아미타불'을 부르기 시작했습니다. 집안 일에는 일체 간섭하지 않고 10년 가까이를 스님이 시킨 대로 하루 종일 '나무아미타불'만 불렀습니다. 어느덧 할머니는 앞일을 내다보는 신통력(神通力)이 생겼습니다.

"어멈아! 오늘 손님이 다섯 온다. 밥 다섯 그릇 더 준비해라."

과연 끼니 때가 되자 손님 다섯 사람이 찾아오는 것이었습니다. 또 하루는 막내아들을 불러 각별히 당부하였습니다.

"애야, 너희들 공장에 화기(火氣)가 미치고 있다. 오늘은 기계를 돌리지 말고 물을 많이 준비해 놓아라. 위험하다."

그 말씀대로 세 아들은 아침부터 솜틀기계를 멈추고 물통 준비와 인화물질 제거에 신경을 썼습니다. 그런데 오후가 되자 바로 옆집에서 불길이 치솟는 것이었습니다. 그들은 서둘러 옆집 불을 껐습니다. 만약 목화솜에 불이 옮겨 붙었다면 솜틀공장은 삽시간에 잿더미로 변하였을 것입니다. 다행히 할머니의 예언으로 조금도 손상을 입지 않았을 뿐 아니라, 이웃집의 피해까지 줄일 수 있었습니다.

그리고 우리 아버지와 어머니의 결혼도 외증조할머니의 말

쏨에 따른 것입니다. 손녀인 어머니가 결혼 적령기가 되었을 때, 외증조할머니는 큰아들을 불러 말씀하셨습니다.

"여기에서 북쪽으로 30리 가량 가면 구름내〔雲川〕라는 마을이 있다. 그 마을 김창석 씨네 둘째 아들과 네 딸 상남(上男)이와는 인연이 있으니, 찾아가서 혼사(婚事)를 이야기해 보아라."

이렇게 외증조할머니는 가 보지도 않고 신통력으로 나의 부모님을 결혼시켰습니다.

마침내 주위에서는 외증조할머니를 일컬어 '생불(生佛)'이라고 부르기까지 하였습니다. 그런데 어찌된 일인지, 어느 날부터인가 외증조할머니가 '나무아미타불'을 부르지 않고 '문수보살'을 찾는 것이었습니다. 갑작스런 변화를 걱정한 아들 삼형제는 인근 마곡사의 태허(太虛:鏡虛대선사의 사형) 스님을 찾아가 상의했습니다.

"문수보살을 부르는 것도 좋지만, 10년 동안이나 아미타불을 불렀으면 끝까지 아미타불을 부르는 것이 좋다. 그리고 앞일을 자꾸 예언하다 보면 자칫 마섭(魔攝)이 될 수도 있다. 내가 '상방대광명(常放大光明)'이라는 글을 써 줄테니 벽에 붙여 놓고 '나무아미타불'을 항상 부르도록 말씀드려라."

常放大光明! 언제나 대광명을 뿜어낸다는 이 글을 보면서 할머니는 다시 '나무아미타불'을 열심히 불렀습니다. 그리고 앞일에 대한 말씀도 하지 않았습니다. 이렇게 부지런히 염불기도를 하다가 할머니는 88세의 나이로 입적(入寂)하였습니다.

 그런데 그때야말로 기적이 일어났습니다. 7일장(七日葬)을 지내는 동안 매일같이 방광(放光)을 하는 것이었습니다. 낮에는 햇빛에 가려 잘 보이지 않았으나, 밤만 되면 그 빛을 본 사람들이 '불이 났다'며 물통을 들고 달려오기를 매일같이 하였습니다. 그리고 문상객으로 붐비는 집안 역시 불을 켜지 않아도 대낮같이 밝았습니다.

 상방대광명(常放大光明)!

 그야말로 외증조할머니는 염불기도를 통하여 상방대광명을 이루었고, 그 기적을 직접 체험한 가족들은 그뒤 차례로 출가하여, 우리 집안 친가·외가 41인 모두는 승려가 되었습니다.

 몸과 말과 뜻을 하나로 모아 염불하고 기도하는 공덕. 그 공덕을 어찌 작다고 하겠습니까? 그리고 부처님의 불가사의가 어찌 없다고 하겠습니까? 외증조할머니의 염불기도는 우리 집안을 불심(佛心)으로 가득 채웠고, 41명 모두를 '중노릇 충실히 하는 승려'로 바꾸어 놓는 밑거름이 되었던 것입니다.

지장기도로 깨달음을 이룬 큰외삼촌

　우리 집안 41인의 승려 중 가장 먼저 출가한 분은 나의 큰외삼촌인 김학남(金學南, 1902~1955)으로 나의 어머니인 성호(性浩) 비구니의 바로 밑 동생입니다.
　큰외삼촌은 할머니 평등월 보살의 기이한 입적을 접하고 열심히 절에 다니다가, 23세의 나이로 1924년에 출가하였습니다. 처음 만공(滿空) 스님을 찾아가 머리를 깎아줄 것을 청하자, 만공스님은 사형 혜월(慧月) 스님의 제자가 될 것을 권했습니다.
　"나의 사형 중에는 혜월이라는 천진도인(天眞道人)이 한 분 계시지. 혜월 사형은 너무 천진무구하여 남의 스승이 된다는 것은 생각도 하지 않고 있다. 만약 내가 주선하지 않는다면 사형은 평생 제자를 못 들일거야. 네가 그분의 첫번째 제자가 되어 봄이 어떠하냐?"

큰외삼촌은 만공스님의 권유대로 혜월스님의 제자가 되어 법안(法眼)이라는 법명을 받았습니다.

그뒤 큰외삼촌 법안스님은 오대산·금강산·천성산·지리산 등에서 후학들을 지도하는 이름 있는 고승들을 찾아다니며 열심히 참선정진을 하였습니다. 오직 바루 하나, 누더기 한 벌로 살면서 선방에만 다녔습니다. 유유자적(悠悠自適), 법안스님은 그 어떠한 것에도 걸리지 않았습니다. 어느 때는 무애(無碍)의 행을 거침없이 하였고, 어느 때는 시를 지으며 스스로의 경지를 점검하였습니다.

일천 봉우리 위의 한 칸 집이여
반 칸은 노승이 반 칸은 구름이 차지했구나
어느 때 서쪽 바람 불어 구름이 날아가면
하나뿐인 창으로 밝은 달이 서로 찾아와 비추네

千峰頂上一間屋
半間老僧半間雲
有時西風雲飛去
一窓明月來相照

이것은 스님이 금강산 토굴에서 지은 시입니다. 이렇게 10여 년을 참선정진하며 지내던 법안스님은 35세가 넘자 해인사 백련암(白蓮庵)으로 들어와, 영구천(靈龜泉)이라는 조그마한 샘을 파고 깨달음에 이를 때까지 지장기도를 하리라 다짐했습니다.

　스님은 단순히 입으로만 지장보살을 부르는 것이 아니라, 지장보살과 하나가 되도록 마음을 모으고자 했습니다. 처음에는 2시간씩 네 차례, 하루 8시간의 기도를 시작하였으나, 날이 갈수록 기도 시간은 길어졌습니다.

　"지장보살 지장보살 지장보살 지장보살……."

　5년이 경과하자 삼매(三昧) 속에 빠져 들어 3,4일을 밥도 먹지 않고 대소변도 보지 않고, 마냥 서서 목탁을 두드리며 지장보살을 부를 때가 한두 번이 아니었습니다. 대중스님들은 "법안스님이 저토록 기도삼매에 자주 드는 것을 보니 머지 않아 깨달음을 이룰 것이다."라고 하면서 칭송을 아끼지 않았습니다.

　마침내 9년이 되었을 때, 법안스님은 말할 수 없는 희열을 느끼고 법당을 뛰쳐나오며 외쳤습니다.

　"허공골(虛空骨)을 보았다! 허공의 뼈를 보았다!"

　그리고는 짧은 오도송(悟道頌)을 지었습니다.

　　　허공골 중의
　　　유상 무상이여
　　　상 속에는 부처가 없고
　　　부처 속에는 상이 없다

　　　　虛空骨中
　　　　有相無相

相中無佛
佛中無相

　그때 백련암 스님들은 당시 법안스님의 기도성취를 축하하면서 '영구천구년지장기도기념비(靈龜泉九年地藏祈禱紀念碑)'를 세웠는데, 그 비석이 지금도 남아 있습니다.
　이렇게 지장기도를 통하여 한 경지를 이룬 큰외삼촌 법안스님은 걸림 없는 법문으로 대중들을 敎화하면서 더욱 자재롭게 살았습니다. 그리고 1955년 가을, 홀연히 서울 도선사(道詵寺) 석불 뒤의 바위 위에 앉아 아무도 모르게 입적하셨습니다.

　이처럼 삼매를 이룬 기도는 오도(悟道)와 직결됩니다. 깨달음의 원(願)을 세우고 불보살과 하나가 되면 능히 깨달음의 길로 나아가는 것입니다.
　삼매(三昧)! 부디 삼매를 이룰 때까지 좌우를 돌아보지 말고 부지런히 기도하십시오. 반드시 '나'의 불성(佛性)이 발현되어 우리를 해탈의 길로 인도할 것입니다.

방귀 기운이 위로 올라갔으니……

　기도는 정성을 모으는 것입니다. 따라서 모든 기도는 지극한 마음[至心]으로 시작하여 지극한 마음으로 끝맺음을 해야 합니다. 부처님 앞에서 기도를 올릴 때뿐만이 아니라 기도 전의 마음가짐부터 지극해야 한다는 것입니다. 그 예로서 나의 부모님께서 생남불공(生男佛供)을 드리러 다니던 때의 이야기를 하겠습니다.

　불심이 매우 깊었던 우리 부모님은 자식들을 낳기 위해 절을 찾아다니며 정성을 다해 기도를 드렸습니다. 하지만 부처님께 기도를 올릴 때만 정성을 기울인 것은 아니었습니다. 수확한 첫 쌀을 부처님께 가장 먼저 바쳐야 하는 것으로 여겼던 부모님들은 농사를 지을 때도 기도하는 마음으로 임했습니다.
　공양미를 수확하는 논밭에는 대변을 주지 않고, '관세음보살'

과 '대방광불화엄경(大方廣佛華嚴經)'을 부르면서 고운 풀만 베어다가 거름으로 사용했습니다. 또 벼가 다 익으면 낫으로 베는 것이 아니라, 손으로 직접 벼를 훑어 방아를 찧었습니다.

이렇게 수확을 하고 나면 아버지 법진(法眞) 거사는 손수 만드신 무명베 자루에 쌀을 한 말 담습니다. 그리고 깨끗한 무명옷으로 갈아입으신 다음, 그 쌀을 지게에 얹어 마곡사 대원암까지 짊어지고 가서 불공을 드렸습니다. 집에서 절까지는 80리 길인데, 그 먼 길을 생남기도(生男祈禱)를 위해 다니셨던 것입니다.

한번은 평소와 같이 쌀을 짊어지고 마곡사 대원암으로 향하였는데, 그날따라 마침 배가 사르르 아픈 것이 자꾸만 방귀가 나오려는 것이었습니다. 억지로 참고 또 참으며 가다가, 대원암을 10리 남겨 놓은 지점에서 시냇물을 가로지르는 징검다리를 건너뛰다 그만 방귀를 뀌어 버리고 말았습니다.

'아, 부처님께 공양을 올리러 가다가 방귀를 뀌다니! 가벼운 방귀 기운이 이미 위로 솟아 쌀로 올라갔을 것이 아닌가?'

방귀 기운이 섞인 쌀로는 공양을 올릴 수 없다고 생각한 아버지는 그 쌀을 도로 짊어지고 집으로 돌아왔습니다. 그리고 다른 벼를 손으로 훑어 방아를 찧은 다음, 그 쌀을 새 자루에 넣어 다시 80리 길을 걸어서 불공을 드리러 가셨다고 합니다.

기도하기 전의 정성이 이러했거늘 기도할 때의 정성은 어떠했겠습니까? 또 이렇게 정성을 다한 기도 끝에 저를 낳았으니, 부모님의 은혜를 어떻게 다 말할 수 있겠습니까?

　우리는 분명 알아야 합니다. 만약 우리가 기도하러 가는 마음가짐을 이렇게만 가진다면 그 기도는 이미 이루어진 것이나 다를 바가 없습니다.
　기도는 정성입니다. 내 정성을 내가 기울이면서 불보살님께 기원하는 것이 기도입니다. 내 정성 내가 들이고, 내 불공 내가 드리고, 내 기도는 내가 하고, 내 축원은 내가 해야 참 불공이요 참 기도입니다. 남이나 스님네가 대신 해주는 것은 모두가 반쪽이기 때문에 결실 또한 늦을 수밖에 없습니다.
　기도의 시작부터 끝까지 제 정성을 제가 남김없이 바칠 때 부처님의 자비 광명이 환히 비쳐 오게 되어 무명업장(無明業障)이 소멸되고, 기도성취는 저절로 뒤따르게 되는 것입니다.
　우리 모두 마음을 지극히 모아 내 기도를 내가 하는 불자가 되도록 노력합시다. 부처님께서는 틀림없이 우리를 기특히 여기실 것입니다.

허공을 빨아들인 나의 기도

나는 젊은 시절, 수도 생활의 장애를 극복하고 힘을 얻기 위해 세번의 기도를 했습니다. 그 첫번째는 6·25 전쟁이 일어나 피난길에 올랐던 22세 때의 일입니다.

20대 초반 통도사 강원을 졸업한 나는 대학에 진학해야겠다는 결심을 했습니다. 그때만 해도 한 면(面)에 대학생이 한 명 있을까 말까 하던 시절이었고, 우리나라에 대학교도 몇 개 되지 않을 때였습니다.

내가 당시에 그토록 대학을 가야겠다고 생각한 것은 출세나 명예욕 때문이 아니었습니다.

'그동안 한문 공부를 하여 어느 정도 문리(文理)가 터졌으니 이제부터 현대학문을 배우자. 그래서 순전히 한문으로만 이루어진 불교경전을 현대적으로 풀이하고 해석한다면 이 얼마나 좋은 일이랴.'

이렇게 생각한 나는 서울 동국대학의 입학 관계를 알아보기 위해 서울로 향했는데, 때마침 6·25 전쟁이 터졌습니다. 하는 수 없이 발길을 돌려 남쪽으로 내려오다가, 그만 안양에서 인민군에게 붙잡히고 말았습니다. 그들은 아지트인 동굴 속으로 나를 끌고 들어가 꼬치꼬치 캐물었습니다.

"너는 뭐하는 사람이냐?"

"중입니다."

"중이 뭐냐?"

"부처님의 법을 배우고 닦는 사람이오."

"이거 순 부르주아 아니야? 인민들의 피를 빨아먹고 무위도식하는 족속들 아니야?"

그들은 점점 거칠어지면서 무지막지하게 대하였고, 나는 묵묵히 있었습니다. 더욱이 당시는 잡히는 젊은이들을 모조리 인민군 의용군으로 끌고 가서 총알받이로 세울 때였습니다.

'아, 이거 잘못 걸려도 크게 잘못 걸렸구나. 이제 꼼짝없이 의용군으로 끌려가서 죽게 되었구나.'

이렇게 생각하고 있는데, 조금 있으니 정치공작대원인 듯한 말쑥한 사람이 굴 안으로 들어왔습니다. 당시 정치공작대원들은 학식도 있고 나름대로 교양이 있는 사람들 중에서 뽑았습니다. 그래서인지 그는 나를 보더니 대뜸 이렇게 말하는 것이었습니다.

"중이구만. 팔뚝 좀 걷어 보지!"

그래서 옷을 걷어 팔뚝을 내보였더니 단번에 얼굴이 부드러

위졌습니다.

"연비 자국이군요. 나도 불교신자요."

그러면서 내 팔뚝을 조심스럽게 만지더니 꿇어앉아 있던 내 몸을 일으켜 세우고 의자도 갖다 주고, 그 당시만 해도 귀했던 사이다까지 대접하였습니다. 그리고 통행증을 하나 써 주면서, '어디든지 가다가 인민군들이 잡으면 이 통행증만 보여주면 된다'고 했습니다. 그것도 모자라 차를 태워 드리겠다면서 기다리라고 하더니, 트럭이 한 대 오자 명령을 내렸습니다.

"이 스님 가시는 데까지 잘 모셔 드려라."

그 연비 덕분에 안양에서 김천까지 편안하게 차를 타고 내려온 다음, 진주 집현산에 있는 응석사(凝石寺)로 걸어서 갔습니다.

응석사에 도착했을 때는 매우 지친 상태였는데, 다행히 주지스님이 쌀밥 한 사발과 반찬으로 간장 한 종지를 주었습니다. 나는 한 종지의 간장을 모두 밥에 부어 싹싹 비벼서, 사흘 굶은 사람처럼 아주 맛있게 먹었습니다.

그런데 밥그릇을 비우자마자 주지스님이 '떠나라'는 것이었습니다. 그러나 당시 나에게는 주민증도 병적계도 없었기 때문에 함부로 돌아다닐 수가 없었습니다. 여차하면 붙잡혀서 총알받이 노릇을 하거나 빨갱이로 몰려 죽을 수도 있었기 때문입니다. 아무리 가라고 해도 떠나지 않자 주지스님의 마음도 바뀌었습니다.

"그렇다면 공양주(供養主) 소임을 맡아라."
"예."
나는 열심히 밥을 짓고, 설거지도 아주 깨끗이 했습니다. 주지스님은 만족하여 칭찬을 아끼지 않았습니다.
"공양주 노릇, 아주 잘하는구먼."
며칠이 지나자 불공이 아주 많이 들어왔습니다. 주지스님은 나에게 불공 올리는 일을 거들 것을 명하였고, 독경을 남 못지 않게 하였던 나는 목탁을 치면서 유창하게 염불을 하였습니다. 그러자 주지스님은 공양주를 그만두고 부전(불공 드리는 직책)을 보라고 하였습니다. 얼마 동안 부전을 보다가 어느 날 문득 한 생각이 일어났습니다.

'공부를 제대로 하려면 생에 대한 애착을 끊고, 무상대발심(無上大發心)을 하여 대도인이 되어야 한다. 기도를 하자. 기도를 하여 힘을 기르자. 7일을 기한으로 정하고 옴마니반메훔 기도를 하되, 잠을 자지 말자.'

이렇게 결심하고 나는 부지런히 기도를 했습니다. 처음에는 앉아서 하다가 졸음이 오기 시작하자 서서 옴마니반메훔을 외웠습니다. 그러나 졸음은 정말 참기 어려운 것이었습니다. 깜빡깜빡 조는 사이에 목탁은 손에서 미끄러져 나가 발등을 찧었습니다. 몇 번 발등을 찧고는 '서서 하는 것도 안되겠다' 싶어 마당을 돌아다니며 염불을 했습니다.

"옴마니반메훔 옴마니반메훔……."

끊임없이 옴마니반메훔을 찾고 비몽사몽간에도 옴마니반메

훔을 찾다가 6일째 되는 날, 은행나무 밑의 평상에 잠깐 앉았는데 그 즉시 은행나무에 머리를 기댄 채 잠들어 버렸습니다.

순간, 허공 전체가 나의 입 안으로 들어오는 것이었습니다. ≪서유기≫에 등장하는 황금대왕이 자기가 들고 있는 병 속으로 무엇이든 '들어오너라' 하면 쫙 빨려 들어가듯이, 허공이 입 속으로 빨려 들어가는 것이었습니다.

이 꿈에서 깨어나자 그토록 기도를 방해하던 졸음도 저절로 사라져서 7일 기도를 잘 마칠 수 있었습니다. 때마침 찾아온 마을 이장은 부탁도 하지 않았는데 내가 주민증이 없는 것을 알고 만들어다 주었으며, 기도를 잘 마친 나는 더욱 도심을 발하여 정진하였습니다.

이렇게 기도를 하면 힘을 얻게 되고, 생각하지도 않은 좋은 일이 생기게 됩니다.

부디 수행을 하다가 뜻과 같이 되지 않는다고 포기하지 마십시오. 오히려 그러한 때에 필요한 것이 기도입니다. 다시금 마음을 굳게 가지고 기도를 하게 되면 힘이 샘솟게 됩니다. 기도로써 시련을 극복하여 불보살님께로, 그리고 불보살의 경지로 더욱 가까이 다가서야 할 것입니다.

그러나 한번의 기도로 모든 것이 다 해결되지 않을 때도 있습니다. 그와 같을 때는 거듭거듭 기도하여 도심(道心)이 걸림 없을 때까지 행하여야 합니다. 바로 그와 같은 경우가 나의 두번째, 세번째 기도입니다.

7일 단식 기도

나의 두번째 기도는 허공을 삼킨 첫번째 기도를 하고 한달 가량 지난 다음, 응석사 내원토굴(內院土窟)에서 했습니다. 그러나 이때의 기도는 소리내어 염불을 한 것이 아니라, 7일 동안 단식을 하면서 부처님의 위대함과 불법의 깊은 진리를 고요히 관조하는 기도였습니다.

7일 단식이 끝나는 날, 나는 꿈을 꾸었습니다. 응석사에서 대변을 보자 그 똥이 집현산 응석사의 10리 계곡을 타고 흘러내려가는 것이었습니다. 마치 맥켄나의 황금계곡에 황금물이 흘러내리는 것처럼, 나의 똥은 조금도 역겨운 냄새를 풍기지 않고 거대한 흐름을 이루어 흘러내려갔습니다.

내가 조실스님인 금오선사(金烏禪師)께 꿈 이야기를 하자, 스님은 아주 멋진 해석을 내려 주셨습니다.

"몸 속의 똥이 빠져 나가는 꿈은 업장소멸(業障消滅)을 뜻하는 것이다. 그런데 그 똥이 골짜기를 가득 채우며 10리 길이나 이루었다니 업장소멸이 얼마나 많이 되었겠느냐? 일타수좌는 정말 기도다운 기도를 한 것이 틀림없구나."

착심(着心)을 놓게 한 기도

진주 응석사에서의 두 차례 기도를 마치고 나는 외삼촌 진우(震宇) 스님이 머물고 있었던 전주의 조그마한 절로 가서 동네 아이들을 모아 공부를 가르쳤습니다. 마침 그 절에는 내가 어려서부터 그토록 읽고 싶어했던 일본어판 ≪세계문학전집≫이 있었습니다. 경찰 간부 한 사람이 피난을 가면서 맡겨 놓은 것이었습니다.

나는 책 속에 파묻혀 읽고 또 읽었습니다. 재미없는 것은 한 차례, 재미있는 것은 거듭거듭 읽었습니다. 몬테크리스토 백작, 레 미제라블, 플루타크의 영웅전, 비스마르크 등을 모두 탐독했습니다.

그리고 그냥 넘어가기가 아까운 문장, 마음에 쏙 드는 글귀들은 대학노트에 촘촘히 적어 넣었습니다. 쓰고 쓰고 또 쓰다보니 어느덧 대학노트가 20권이나 되었습니다. 나는 그 노트의 표지에 '문학의 자물쇠'라는 뜻으로 〈문학쇄담 文學鎖談〉이라는 제목을 붙이고 혼자 문학도가 되는 꿈을 꾸어 보기도 했습니다.

'이만하면 나도 능히 글을 쓸 수 있겠구나. 작가가 될까? 시인이 될까?'

그러나 전쟁은 나를 그 절에 있게 하지 않았습니다. 다시 1·4 후퇴가 시작되어 피난을 가야만 했고, 문학전집을 보면서 기록한 대학노트를 그 절에 버려둔 채 떠나야 했습니다. 그런데 아름다운 저녁 노을, 수려한 경치를 볼 때마다 〈문학쇄담〉 생각이 나는 것이었습니다.

'그 노트에 적어 놓은 표현을 살짝 인용하여 가미하면 지금의 이 장면을 아주 멋진 문장으로 묘사할 수 있을텐데……'

선방에서 참선을 한답시고 앉아 있으면 이 같은 생각들이 자주 일어났습니다. 거기에다 못 가게 된 대학 진학에 대한 미련까지 되살아났습니다. 자연 참선이 올바로 될 까닭이 없었습니다.

혼란 속에서 나의 발길은 해인사로 향하였고, 팔만대장경이 보관되어 있는 장경각(藏經閣)을 둘러보게 되었습니다.

부처님의 말씀을 담아 놓은 팔만 개가 넘는 대장경판!

'아, 부처님이야말로 세계에서 제일가는 작가로구나. 세계에 4대 문호, 5대 문호가 있다고 하지만 어찌 부처님과 비교할 수가 있으리.'

생각이 여기에 미치자 신심이 샘솟듯이 일어났습니다.

'그래. 이 장경각에서 기도를 하자. 이렁저렁 시적부적 세월만 보내는 중노릇을 해서는 안된다. 올바로 발심(發心)이 되지 않으면 공부의 진척이 있을 수 없다. 대발심(大發心)을 하겠다는 원을 세우고 기도해 보자.'

나는 해인사 스님께 기도할 것을 허락받고 7일 기도를 시작했습니다. 그리고 목탁을 천천히 치면서 천천히 '서가모니불'을 부르면 마음이 느슨해지기 때문에, 목탁을 빨리 치면서 빨리 '서가모니불'을 부르는 염불법을 택했습니다. 또한 당시는 전란 중이었으므로 적군의 표적이 된다는 이유 때문에 밤이 되면 촛불을 켜지 않고 향만 한 가치 피워 놓은 채 기도를 해야 했습니다.

새벽부터 장경각에 있는 법보전(法寶殿)에서 정성껏 기도를 하였지만 향불 하나밖에 없는 깜깜한 한밤중이 되자 졸음이 찾아 들기 시작했습니다. 나는 졸음을 쫓기 위해 장경각 경판 사잇길을 돌며 '서가모니불'을 찾았습니다.

깜깜한 장경각 안을 돌다가 조금이라고 졸게 되면 뾰족 튀어나온 경판의 모서리 부분에 머리를 부딪치게 됩니다. 깜빡깜빡 졸던 나는 수없이 경판에 머리를 부딪쳤고, 부딪치고 나면 정신이 번쩍 들어 다시 기도를 열심히 했습니다.

그리고 끼니 때만 되면 당시 해인사에 계셨던 자비보살 인곡(仁谷) 스님이 어김없이 오셔서 나의 귀를 당기며 재촉했습니다.

"가자. 밥 먹으러 가자."

목탁을 놓고 대중방으로 가서 얼른 밥 한술을 먹고는 양치질을 하고 화장실을 찾은 다음, 즉시 돌아와 기도를 계속했습니다.

이렇게 6일을 기도하고 저녁 무렵 소변을 보러 나왔는데, 마침 장경각 뒤쪽에서 지게에 물건을 한 짐 진 사람이 내려오고 있었습니다.

"지게에 진 것이 무엇입니까?"

"송이요."

"얼마요?"

"2만원이오."

마침 나에게는 꼭 2만원의 돈이 있었습니다. 2만원을 모두 주고 송이를 몽땅 산 나는 부엌으로 가져가서 기쁜 마음으로 적도 굽고 국도 끓였습니다.

"야, 이게 진짜 기도다. 진짜 기도 회향(廻向)이다!"

나는 그 송이로 열심히 음식을 만들어 부처님 전에 올리고, 또 대중공양을 했습니다. 그리고 이튿날 새벽 3시에 기도 회향을 하고 새벽예불에 참여한 다음, 7일만에 처음으로 등을 방바닥에 붙이자 곧바로 잠 속으로 빠져 들었습니다. 그 꿈 속에 우리 친척인 비구니 스님 한 분이 바랑을 짊어지고 나타났습니다.

"네가 아끼던 대학노트를 가지고 왔다."

"정말입니까?"

너무나 반가웠던 나는 황급히 달려들어 스님의 바랑에서 노트를 뽑았습니다. 나의 글씨로 빽빽이 채워져 있는 20권의 대학노트! 기쁨에 겨워 열심히 공책을 넘기며 살펴보고 있는데, 나의 도반인 창현(昌玄) 스님이 다가오더니 버럭 고함을 지르는 것이었습니다.

"영 책 껍데기를 못 벗어나는구먼! 야, 선방에서 책을 주무르고 앉아 있으면 선방 망한다는 사실도 모르느냐? 에잇! 안 되겠구먼."

창현스님은 나에게 달려들어 대학노트 20권을 모두 빼앗아 쥐고, 양손으로 확 잡아 찢어 버리는 것이었습니다. 그러자 20권의 노트가 한번에 다 찢어지면서 콰르르 가루로 변해 버리는 것이었습니다. 순간, 주체할 수 없는 분노가 온몸을 감쌌습니다.

"야, 이놈아! 책을 보면 내가 봤지, 네놈하고 무슨 상관이냐?"

한바탕 싸우려고 벌떡 일어서다가 나는 한 생각을 쉬었습니다.

'에라, 책을 봐서 뭐할꼬? 치워 버리자. 본래 없었던 것으로 요량하지 뭐.'

그리고는 꿈에서 깨어났습니다. 이때부터 나는 사교입선(捨敎立禪), 문자를 버리고 참된 자기를 찾는 참선 공부에만 열심히 매달릴 수 있게 되었습니다.

물론 그전에는 나의 바랑 속에 책이 반 이상의 자리를 차지하고 있었고, 틈만 나면 책을 들여다보았습니다. 그런데 이

기도와 꿈을 꾼 다음부터는 학문에 대한 애착심이 남김없이 떨어졌습니다. 아울러 기도의 원력대로 발심이 올바로 이루어져서 참선수행을 본격적으로 할 수 있게 된 것입니다.

손가락 열두 마디를 태우며

네번째 기도는 26세 때인 1954년 여름, 오대산 적멸보궁(寂滅寶宮)에서 행하였습니다.

세번째 기도 이후 선방을 다니면서 부지런히 정진하였지만, 아직 수행승으로서 부족한 것이 많고 장애가 많다는 것을 스스로 느낄 수 있었습니다. 그 당시 나에게 진정으로 필요한 것이 '결정코 생사일대사(生死一大事)를 해결해야만 한다.'는 굳센 마음가짐이라는 것을 알고 있었던 나는 중대 결단을 내렸습니다.

'나는 무슨 일이 있어도 속가에 갈 사람이 아니다. 중노릇 아닌 딴 짓을 할 사람도 결정코 아니다. 오로지 불법을 위해 살다가 죽을 몸인 것만은 분명한 것! 이 기회에 결정심(決定心)을 완전히 다져 놓아야만 한다. 연비를 하자. 손가락이 없으면 세속적인 모든 생각이 저절로 뚝 끊어질 것이고 손가락

없는 나에게 누가 사람 노릇 시키려고도 않을테니…….'
 그래서 오대산으로 들어갔습니다. 막상 연비를 하기 위해 오대산으로 들어가기는 했으나 가자마자 성급하게 할 것도 아니고 하여, 여름 한철 석 달 동안 연비에 대한 생각도 점검할 겸 장좌불와(長坐不臥)를 하면서 열심히 정진했습니다. 그러던 어느 날, 문득 대관령 꼭대기에 구름 한 점이 날아가는 것을 보았습니다. 그 구름은 마치 내가 날아가는 것처럼 느껴졌습니다.
 '이 몸뚱아리는 뜬구름과 같은 것이다. 어디서 왔다가 어디로 가는 것인가. 사람의 일생 또한 저 뜬구름과 같이 어디선가 왔다가 어디론가 가 버리는 것에 불과한 것. 이러할 때 깊은 연(緣)을 심어 놓지 않으면 그야말로 허생명사(虛生命死)밖에 되지 않을 것이다. 오대산과 같은 좋은 도량에 왔을 때 이 마음을 깊이 다지고 연을 심어야 하리.'
 이렇게 생각하고 그날 《능엄경》 제6권 사바라이장(四波羅夷章)의 연비(燃臂)에 대한 구절을 다시 한번 죽 읽었습니다.

　　내가 열반한 뒤에 어떤 비구가 발심하여
　　결정코 삼매를 닦고자 할진대는
　　능히 여래의 형상 앞에서
　　온몸을 등불처럼 태우거나 한 손가락을 태우거나
　　이 몸 위에 향심지 하나를 놓고 태우면
　　내가 말하는 이 사람은

비롯 없는 숙세의 빚을 한순간에 갚아 마치리니
길이 세간을 멀리 떠나 영원히 모든 번뇌를 벗어나리라
만약 이렇게
몸을 버리는 작은 인을 심지 않으면 무위도를 이룰지라도
반드시 사람으로 돌아와 그 묵은 빚을 갚으리니
내가 말먹이보리를 먹은 것과 조금도 다를 바 없도다

若我滅後　　其有比丘
發心決定　　修三摩提
能於如來　　形像之前
身燃一燈　　燒一指節
及於身上　　熱一香炷
我說是人
無始宿債　　一時酬畢
長揖世間　　永脫諸漏
若不以此
捨身微因　　縱成無爲
必還生人　　酬其宿債
如我馬麥　　正等無異

그리고 오대산 적멸보궁에서 매일 3천배씩 7일 동안 기도를 드린 후, 오른손 네 손가락 열두 마디를 모두 연비하였습니다. 출세·명예·행복 등 사람 노릇 하겠다는 미련을 손가락 열두 마디의 연비와 함께 깡그리 태워 버리고, 나는 홀로

태백산 도솔암으로 들어갔습니다. 그곳에서 6년 동안 조그마한 갈등도 없이 참선정진하면서, 아주 열심히 부처님 제자답게 살았습니다.

일평생과도 바꿀 수 없는 그 6년의 참된 공부! 그것은 네 번의 기도를 통해 얻은 힘이 바탕이 되었다고 할 수 있습니다.

누구든지 갈등이 있으면 기도하십시오. 장애가 많고 공부가 잘되지 않으면 기도를 통해 거듭 발심하십시오. 불보살님께서는 틀림없이 큰 힘을 주실 것입니다.

방광과 함께 모든 시비는 사라지고

　나의 다섯번째 기도는 1960년 구례 화엄사의 4사자삼층석탑 앞에서 행하였습니다.
　6년 동안 도솔암에서 수행한 후 청담스님 등의 권유로 태백산을 내려온 나는 지리산 쌍계사에서 한철을 보내고 있었습니다.
　그런데 마침 비구승단(比丘僧團)을 전폭적으로 지지했던 이승만 대통령이 4·19로 물러나게 됨에 따라, 한동안 움츠리고 있던 대처승들이 일어나 불교계는 다시 혼란 속으로 빠지게 되었습니다. 마침내 그 불똥은 쌍계사에까지 번졌습니다. 폭력을 휘두르며 쌍계사를 점령하려는 대처승들에 밀려 우리는 화엄사로 옮겨 가야 했습니다.
　그러나 화엄사 또한 안전지대는 아니었습니다. 그렇다고 대처승들과 매일같이 싸울 일도 아니었습니다.

'이럴 때일수록 부처님의 제자는 열심히 수행을 해야 한다. 기도로써 이 도량을 지키자. 부처님께서는 이곳을 틀림없이 정법(正法)의 땅으로 보호하실 것이다.'

이렇게 생각한 나는 7일 기도를 시작했습니다. 그러나 낮에는 관광객들이 많이 찾아오므로 밤에만 기도를 했습니다. 저녁예불이 끝나면 정성껏 달인 작설차 한 잔을 4사자석탑에 올리고 기도를 시작하여 새벽예불 때까지 '서가모니불'을 부르며 간절히 기도했습니다.

특히 그때 나는 살구나무로 만든 목탁을 치면서 '서가모니불'을 불렀습니다. 살구나무 목탁은 아주 연하면서도 듣기 좋고 멀리까지 울려퍼지는 특징이 있었으므로, 내가 치는 목탁소리는 구례읍 가까이의 마산면에까지 울려퍼졌다고 합니다.

마침내 기도 회향일인 7일째 새벽, 나는 '서가모니불'을 부르며 무아지경에 빠져 들었습니다. 그런데 조금 지나자 지장암 노스님과 젊은 스님들이 올라와서 나에게 예배를 올리는 것이었습니다.

"스님, 정말 장하십니다. 스님의 기도에 부처님께서 감응하셨음인지 큰 방광이 있었습니다. 그 빛이 이쪽에서 솟아 멀리 천은사 쪽으로 높이 높이 뻗어갔습니다."

그러나 나는 염불에 몰두해 있었기 때문에 방광을 거의 느끼지 못하고 있었습니다. 다만 제트기의 꼬리에서 뿜어져 나오는 연기 같은 것이 탑 위에서 천은사 쪽으로 뻗어가는 것을 느꼈을 뿐이었습니다.

그런데 아침이 되자 화엄사 밑의 마을 사람들이 찾아와 예배를 하면서 다시 말했습니다.

"스님, 오늘 새벽에 탑 주위에서 하늘로 치솟는 방광이 한 시간 이상 계속되었습니다. 이러한 이적이 어찌 그냥 생겨난 것이겠습니까? 저희들은 오직 스님의 도력으로 여기고 있습니다. 스님, 부디 이 화엄사에 오래 머물러 계십시오. 옳은 스님만 계시면 화엄사는 틀림없이 자리가 잡힙니다. 저희들도 스님을 모시고 열심히 이 절을 지키겠습니다."

이렇게 하여 화엄사는 대처승과의 싸움이 없는 조용한 절로 바뀌었습니다. 그리고 그날 낮에는 토종벌들이 4사자탑으로 몰려들어 새까맣게 탑을 감싸는 기이한 일이 벌어졌습니다. 스님들이 통을 만들어 바가지로 이 벌들을 받았더니 3통 분량이나 되었으며, 이후 토종벌들은 많은 꿀을 스님들께 제공했습니다.

기도 끝의 방광은 화엄사를 무쟁(無諍)의 수도처로 바꾸어 놓았습니다. 뿐만 아니라, "수행자에게는 먹을 것이 저절로 찾아 든다"는 옛말 그대로, 당시 먹을 것이 변변치 않았던 우리에게 토종벌들까지 스스로 날아와 보약 공양을 올렸던 것입니다.

이어지는 명훈가피 (冥熏加被)

　나의 제자들 중에서 기도를 가장 열심히 한 이로는 1백만 배를 한 혜인(慧印) 스님을 꼽지 않을 수 없습니다. 그러나 혜인스님이 처음부터 1백만배라는 엄청난 숫자의 절을 한 것은 아닙니다. 그 동기는 군대에 들어가서 부처님의 가피를 입은 것에서부터 비롯됩니다.

　혜인스님이 군에 입대한 것은 5·16 직후였습니다. 따라서 군대가 요즘처럼 편안하지 못하고 아주 고될 때였습니다. 기합도 심하여 걸핏하면 '군기가 빠졌다'고 하면서 방망이나 곡괭이로 자루가 부러질 때까지 엉덩이를 때렸습니다. 사소한 실수라도 용납하지 않고 인정사정 없이 두들겨 팼던 것입니다.

　혜인스님은 군 복무를 하면서 늘 기도하는 것을 잊지 않았습니다. 훈련을 받을 때에도 '하나-둘-셋-넷' 할 적에 '관-세음-보-살' 하면서 구령을 붙였고, 잠자리에서 일어나면 곧바로 관세음보살 보문품을 한번씩 외웠습니다.

어느 날, 혜인스님은 그 당시의 군대에서 볼 때 크게 군기가 빠진 실수를 저지르고 말았습니다. 불을 갈기 위해 가지고 나온 이글이글 타오르는 연탄을 내무반 밖에 둔 채, 화장실을 다녀와서는 그만 잊어버리고 갖다 넣지 않았습니다. 그것을 중대장이 발견한 것입니다.

"어떤 놈이 불붙은 연탄을 이곳에 두었어?"

'나 때문에 우리 소대원 전체가 기합을 받겠구나.'

혜인스님이 조바심에 떨며 자백을 하려고 하는데, 때마침 대대장이 그 중대장을 찾았습니다. 이렇게 하여 정말 뜻하지 않게 기합을 모면할 수 있었습니다.

또 한번은 난폭하기로 이름난 하사에게 소대 전체가 기합을 받게 되었습니다. 그 하사는 "손이 근질근질하던 차에 잘 되었다."라고 하더니 야구방망이를 들고 한 명씩 두들겨 패기 시작하였습니다. 백정같이 생긴 하사가 힘을 다해 때리니 맞은 사람들은 모두 쓰러지고 뒹굴며 난리가 났고, 차례대로 때려 오다가 드디어 혜인스님이 맞을 차례가 되었습니다. 혜인스님의 눈에는 그가 마치 염라대왕의 사자처럼 보였습니다. 바로 그때, 내무반 문이 활짝 열리더니 장교가 나타났습니다.

"너 이 자식! 또 아이들 때리는구나." 하더니 그 하사에게 기합을 주는 것이었습니다.

그 사이 쓰러진 사람들이 모두 일어나 '안 맞았다'고 우물우물 넘어가는 바람에 기합이 중단되었습니다. 그것도 한두 번이 아니라 매번 혜인스님 앞까지 와서 기합이 중단되는 일이 생기곤 하는 것이었습니다.

그리고 어느 날 밤, 관세음보살과 화엄성중을 부르다가 잠이 든 혜인스님은 꿈을 꾸었습니다. 자기가 수백 명의 병사와 함께 연병장에 서 있었고, 주위에서는 총소리가 계속 울려퍼지고 있었습니다. 그때 장교 한 사람이 나타나 자기를 불러내더니 어디론가 가자고 하는 것이었습니다.

그 이튿날 아침, 부대 전체가 연병장에 모여 서 있었는데, 어디서 지프차가 하나 오더니 혜인스님을 불렀습니다. '어쩐 일인가' 하며 가 보았더니, 육군 본부에 가서 상장 쓰는 일을 맡아보라는 것이었습니다. 그래서 하루에 오십 장씩, 백 장씩 글씨 쓰는 연습을 하였습니다. 사실 그전까지는 붓글씨를 잘 쓰지 못했는데, 그때 붓글씨 연습을 실컷 하여 한글 글씨가 크게 향상되기까지 하였습니다.

이처럼 혜인스님은 그 힘든 시절에 붓글씨를 쓰면서 편안하게 군 복무를 마쳤으니, 항상 기도하면 불보살의 은근한 가피〔冥熏加被〕가 언제나 함께 하게 되는 것입니다.

혜인스님의 1백만배 기도

　부처님의 가피 속에서 군 복무를 마친 혜인스님은 용맹정진을 결심하고 해인사 장경각(藏經閣)에서 절을 하기 시작했습니다. 처음에는 하루에 3천배를 하였는데, 무릎에 물집이 생겼다가 피가 나오기도 하였습니다.
　어느 날 양말을 벗다가 발가락 위쪽으로 염주 같은 것이 다닥다닥 붙어 있는 것을 보았습니다. 자세히 보니 다섯 발가락에 박힌 굳은살이었습니다. 그리고 무릎을 보니 딱딱하고 반질반질한 것이 꼭 밤톨같이 붙어 있었습니다. 송곳으로 찔러도 아프지 않았으므로 완전히 굳은살처럼 되어 '괜찮겠지' 하고 있었는데, 절을 하다가 간혹 그곳이 콱 찌르는 것같이 아파서 앞으로 고꾸라지곤 하였습니다. 쓰러져서 만져 보니 껍데기는 딱딱한데 속에서 찔꺽찔꺽한 피고름이 나오는 것이었습니다.

그래도 그냥 죽기 아니면 살기로 계속했습니다. 그런데 제일 곤란한 것은 코피가 나는 것이었습니다. 아래로 엎드리면서 절을 하는데 코피가 줄줄 흐르면 어떻게 해볼 도리가 없어집니다. 하는 수 없이 장경각 옆문에 기대어 고개를 젖히고 한참 있다가, 그치면 또 시작하곤 하였습니다.

이렇게 3천배를 하기를 한두 달 하다 보니 힘이 별로 들지 않더라는 것입니다. 그래서 4천배로 올려서 하는데, 처음 며칠간은 힘이 들었으나 또 얼마간 계속하니까 4천배도 별로 힘이 안들더라는 것입니다.

'힘 안들면 기도가 아니지. 힘이 들어야 기도지.'

이렇게 생각하고 혜인스님은 다시 5천배로 올렸습니다. 5천배로 올리고 나니 하루가 빡빡하게 되어 다른 시간을 전혀 낼 수가 없었습니다. 5천배를 딱 마치고 돌아가서 씻고 나면 겨우 공양시간에 참석할 수 있었으니, 다른 생각을 할 틈도 없고 다른 것을 쳐다볼 새도 없어진 것입니다.

그렇게 날마다 5천배씩을 하다 보니 자기도 모르는 가운데 놀라운 힘이 생겼습니다. 말도 못하게 추운 한겨울날, 장경각으로 신도들이 찾아와서 법문을 하게 되었습니다. 그 추운 장경각에 앉아 신도들은 벌벌 떨고 난리가 났는데, 혜인스님은 추운 것을 느끼기는커녕, 어디서 그렇게 말이 줄줄줄 나오는지 끝없이 법문을 하는 것이었습니다.

그렇게 백만배를 다 마치고 나자 원력(願力)을 세우면 안되는 일이 없게 되었습니다. 그동안 여러가지 불사(佛事)도 하고 법문도 많이 하였으며, 지금은 제주도 약천사(藥泉寺)를 창건하고 우리나라에서 가장 큰 법당을 짓고 있습니다. 그것도 종단에서 도와주는 것이 아니라, 순전히 혜인스님 개인의 힘으로 하고 있습니다. 오직 지극한 신심으로 고통을 모두 잊고 백만배를 한 그 힘이 바탕이 되어 이러한 큰 불사를 성취시키고 있는 것입니다.

　이와같이 기도를 하는 이라면 고통스러운 고비를 한번은 넘겨야 기도성취에 가까이 다가서게 되고, 참선을 하는 이라면 밥 먹는 것도 잠자는 것도 잊는 경지에 들어서야 득력(得力)을 하게 되는 것입니다. 그러한 노력 없이 '내가 기도를 했으니까 설마 부처님의 영험이 있겠지' 하는 것은 요행수를 바라는 것에 불과합니다. 지극한 신심으로 일체를 망각했을 때, 진정한 도력(道力)이 길러지게 되는 것입니다.

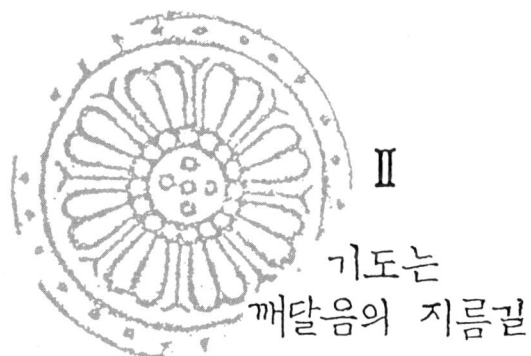

II
기도는 깨달음의 지름길

머리를 바꾸어 단 구나발마 스님

　사람들은 기도를 현실적인 소원성취, 또는 현재 처한 고난을 벗어나는 수단으로 생각하는 경향이 많습니다. 그러나 기도의 결실은 그 정도로만 한정되는 것이 아닙니다. 곧, 기도를 통하여 도를 깨닫거나 특별한 수행의 경지를 이루는 경우도 많기 때문입니다. 그래서 이러한 확신을 분명히 심어 줄 수 있는 이야기들을 한데 모아서 〈기도는 깨달음의 지름길〉이라는 제목으로 제2장을 엮었습니다. 먼저 유명한 역경승(譯經僧) 구나발마 스님의 이야기부터 시작하겠습니다.

　구나발마(求那跋摩) 스님은 인도 계빈국의 왕자로 태어났고, 20세에 출가하여 경·율·논 삼장(三藏)을 두루 통달하였습니다. 30세에 부왕이 죽자 왕위를 이어받을 것을 강요당하였지만 깊은 산중으로 숨어 들어가 자취를 감추었습니다. 뒤에 스님은 어머니를 찾아가서 계(戒)를 주고 왕권을 계승토록 한 다음, 사자국으로 건너가 불법을 널리 폈습니다.

431년, 송나라 문제(文帝)는 스님의 도명(道名)을 듣고 중국으로 초청하여 극진히 영접하고, 왕의선 등과 함께 승려 7백명을 모아 《화엄경》을 강의하여 줄 것을 청하였습니다. 그러나 스님은 중국어를 전혀 할 줄 몰랐으므로 강의를 하고 싶어도 할 수가 없었습니다.

'내가 무엇 때문에 이 머나먼 중국 땅에까지 왔던가? 불법을 펴기 위해 온 것이 아닌가? 그런데 말조차도 통하지 않다니……'

이를 부끄럽게 여긴 스님은 아침저녁으로 관세음보살님께 참회하며 정성껏 기도를 드렸습니다. 하루 이틀 사흘, 한 달 두 달……. 이렇게 백일을 기도하고 나자, 꿈에 신인(神人)이 나타나서 물었습니다.

"스님께서는 중국어를 익히면 될텐데 왜 기도만 하십니까?"

"저는 이미 나이 오십이 넘어 쉽게 기억을 할 수가 없습니다. 언제 중국말을 배워 불법을 중국 땅에 퍼뜨릴 수 있겠습니까? 오직 불보살의 가피를 입어, 들으면 잊지 않는 불망지(不忘智)를 이루기가 소원이옵니다."

"그렇다면 소원을 들어드리지요."

신인은 칼을 잡고 순식간에 다른 사람의 머리와 스님의 머리를 베어 바꾸어서 붙여 주었습니다.

그 꿈을 꾸고 난 다음 구나발마 스님은 중국어에 통달하여

≪법화경≫, ≪화엄십지경 華嚴十地經≫을 종횡무진으로 설하였을 뿐 아니라, ≪보살선계경 菩薩善戒經≫, ≪사분비구니갈마법 四分比丘尼羯磨法≫ 등 10부 18권의 책을 번역하여 계율 정립에 크게 공헌하였습니다.

물론 구나발마 스님의 머리 바꾼 기도 이야기가 약간은 허황한 듯이 들릴 수도 있을 것입니다. 그러나 간절히 기도하면 반드시 통하는 것이 있기 마련이요, 기도를 통하여 삼매를 이루면 불망지(不忘智) 등의 지혜를 능히 이룰 수 있게 됩니다. 부디 믿음으로 받아들일 뿐, 소홀히 넘기지 말기를 당부드립니다.

관음기도로 목소리가 좋아진 법교스님

중국 진나라 때 하북(河北) 땅에 살았던 법교(法橋) 스님은 어려서부터 독경(讀經)하기를 좋아했습니다. 그러나 성대가 매우 작고 이상하여 목소리가 제대로 나오지 않았습니다. 언제나 음성이 좋지 않은 것을 개탄하다가, 하루는 제자들을 불러 심각하게 말했습니다.

"관세음보살님은 현세에서 사람들의 소원을 이루어 주신다고 하니, 지금부터 나는 지극한 마음으로 관세음보살님께 기도할 생각이다. 만약 내가 아무런 감응이 없이 죽는다면 전생에 지은 죄업이 너무 깊은 때문일 것이다. 하지만 죽기를 각오하고 기도하면 틀림없이 그 죄업도 녹아들 것이요, 내생에 새 몸을 받으면 보다 좋은 목소리를 얻을 수 있지 않겠느냐?"

이토록 비장한 뜻을 세운 법교스님은 그날부터 식음을 전폐하고 오로지 한마음으로 절하면서 관세음보살님께 기원했습니다. 3일이 지나자 스님의 몸은 매우 수척해졌고, 얼굴은 핏기 하나 없이 핼쑥해졌습니다. 몹시 걱정을 한 제자들은 단식을 중지하고 기도할 것을 청하였습니다.

"스님, 이미 타고난 음성을 어찌할 수 있겠습니까? 몸을 아껴 불도를 행하셔야 할 스님께서 어찌 이토록 무모한 기도를 하십니까?"

"아니다. 나의 뜻은 변함이 없다. 진정으로 나를 위한다면 제발 나를 어지럽히지 말라."

5일이 지나자 기운이 완전히 탈진되어 겨우 숨을 쉴 정도의 상태에 이르렀습니다. 그러나 법교스님은 두 손을 모아 힘겹게 예배하기를 늦추지 않았습니다.

그런데 7일째 되는 날 아침, 목구멍 속이 탁 터지는 듯한 느낌을 받고 스님은 기도를 멈추었습니다. 그리고 제자들에게 말했습니다.

"나는 이제 감응을 얻었다. 물을 가져오너라."

스님은 제자들이 떠온 물에 세수를 하고 소리내어 게송을 읊었습니다.

과연 스님의 음성은 변해 있었습니다. 그 음성은 2,30리 밖에까지 우렁차게 울려퍼졌고, 사람들은 그 음성의 주인공을 찾아 절로 모여들었습니다.

그로부터 법교스님은 평소의 소원대로 많은 경전을 밤낮없이 독송하였으며, 스님의 독경 소리를 듣는 사람들은 모두 환희심을 일으키고 발심을 했습니다. 또한 90여 세의 나이로 입적한 그날까지, 남의 심금을 울리는 법교스님의 거룩하고 우렁찬 음성은 조금도 변하지 않았다고 합니다.

진표율사의 자서수계(自誓受戒)

　진표율사(眞表律師)는 신라말 경덕왕 때 우리나라 법상종(法相宗)을 개산(開山)한 분입니다. 그러나 이 스님은 법상종의 시조라는 사실보다 율사로 더 유명하고, 계를 얻기 위해 미륵보살님과 지장보살님께 지극정성으로 참회하고 발원하여 특별한 상서를 얻고 계를 얻은 자서수계(自誓受戒)의 큰스님으로 특히 유명합니다.
　진표율사의 고향은 전주 만경현(萬頃縣) 두릉(杜陵:豆乃山)으로, 지금의 전북 김제군(金堤郡) 만경면에 해당합니다. 속성은 정씨(井氏)이고 아버지는 진내말(眞乃末), 어머니는 길보랑(吉寶娘)이며, 생몰연대는 전해지지 않고 있습니다.
　스님의 출가 동기는 특이합니다.
　활쏘기를 잘하던 어린 시절, 하루는 논두렁에서 개구리 30여 마리를 잡아서 버들가지에 꿰어 물에 담가 두었습니다. 그리고는 산에서 사냥을 하다가 그냥 집에 돌아왔습니다. 개구리는 까맣게 잊어버린 채……

 이듬해 봄, 다시 사냥길에 나선 소년은 논두렁에서 개구리 우는 소리를 듣고 문득 지난 해의 일을 떠올렸습니다. 그런데 바로 그 물 속에서 개구리들이 버들가지에 꿰인 채 울고 있는 것이었습니다.

 '내가 무심코 저지른 일로 이 많은 개구리들이 해를 넘기도록 고통을 받다니…….'

 잘못을 크게 뉘우친 소년이 출가를 결심하고 있던 어느 날, 집에서 북쪽으로 멀리 보이는 텀뫼〔母岳山〕위로 오색구름이 눈부시게 피어 오르더니 이내 부처님의 형상으로 변하는 것이었습니다. 자기도 모르게 합장하고 머리를 조아려 예배를 드린 소년은 불현듯 그곳으로 가고 싶은 충동을 느꼈습니다.

 30리를 단숨에 달려 그곳에 이르자, 숲속에 작은 암자가 있었고, 암자에는 노스님 한 분이 머물러 계셨습니다. 소년은 보이지 않는 힘에 이끌려 스님께 절을 올렸습니다.

 "스님, 죄악에 가득 찬 저를 구제하여 주십시오."

 이렇게 하여 진표는 12세의 나이로 출가하였으며, 그 스님은 바로 숭제법사(崇濟法師)였습니다.

 진표가 숭제법사를 모시고 지성으로 도를 닦은 지 10년이 되었을 때, 숭제법사는 진표를 불렀습니다.

 "나는 일찍이 당나라로 들어가서 선도삼장(善道三藏)의 밑에서 수업하였고, 그 다음에는 오대산의 문수보살상 앞에서 지성으로 기도하여 문수보살로부터 직접 5계를 받았느니라."
 "스님, 얼마나 부지런히 하면 불보살님께 직접 계를 받을 수 있습니까?"
 "정성이 지극하면 1년이면 되느니라."
 이 말씀과 함께 숭제법사는 ≪사미계법전교공양차제법 沙彌戒法傳教供養次第法≫ 1권과 ≪점찰선악업보경 占察善惡業報經≫ 2권을 주면서 간곡히 당부했습니다.
 "너는 이 계법(戒法)을 지니고 미륵보살과 지장보살 전에 참회하여 직접 계를 받도록 하여라. 그리고 그 계법을 세상에 널리 전하도록 하여라."
 진표스님은 쌀 20말을 쪄서 말린 다음 변산의 부사의방(不思議房)으로 들어가서 쌀가루 다섯 홉을 하루 동안의 양식으로 삼되, 그중 한 홉을 덜어내어 쥐들에게 주었습니다. 그리고 스님은 미륵상 앞에서 부지런히 계법을 구하였으나 3년이 되어도 수기(授記)를 받지 못했습니다.
 이에 발분한 스님은 바위 아래로 몸을 던졌고, 갑자기 나타난 청의동자(靑衣童子)가 스님을 손으로 받들어 바위 위에 올려 놓았습니다. 스님은 다시 결심했습니다.
 "내 몸이 부서지는 한이 있더라도 보살의 수기를 받으리라."
 스님은 삼칠일(21일)을 기약하여 몸을 잊고 참회하는 망신참(亡身懺)을 시작했습니다. 온몸으로 바위를 두들기듯 엎드려 절하면서 부지런히 참회한 것입니다.
 3일째가 되자 스님의 손과 팔이 부러졌습니다. 그러나 스님은 참회를 멈추지 않았습니다. 마침내 7일째 되던 날 밤, 지장보살이 금장(金杖)을 흔들며 와서 스님을 돌보아 손과 팔을 전과 같이 고쳐 주고, 가사와 바루를 주었습니다.

스님은 지장보살의 신령스러운 감응에 감동하여 더욱 열심히 참회하였고, 마침내 삼칠일이 되던 날, 천안(天眼)을 얻은 스님은 미륵보살이 도솔천(兜率天)의 무리들을 거느리고 오는 모습을 보았습니다. 이때 지장보살과 미륵보살은 스님의 머리를 어루만지며 말했습니다.

"훌륭하다, 대장부여! 이렇듯 계를 구하기 위해 목숨을 아끼지 않고 참회하였구나."

그리고 지장보살은 계본(戒本)을 주고, 미륵보살은 제8간자(第八簡子)와 제9간자(第九簡子)라고 쓰여진 두 개의 나무로 만든 간자(簡子)를 주면서 당부했습니다.

"이 두 간자는 나의 손가락 뼈로서 시각(始覺 : 닦아서 이루게 되는 覺)과 본각(本覺 : 본래부터 갖추어져 있는 覺)을 상징하는 것이다. 또 제9간자는 법이(法爾 : 진리 그 자체)이고, 제8간자는 신훈성불종자(新熏成佛種子 : 부처를 이룰 수 있는 씨앗을 새롭게 키우는 것)를 뜻하는 것이니, 이것을 통하여 너의 과보를 알 수 있을 것이다. 네가 이 몸을 버리면 대국왕의 몸을 받았다가 그뒤에 도솔천에 태어나게 되리라."

말을 마치자 두 보살은 모습을 감추었습니다.

지장보살과 미륵보살로부터 계법과 교법(敎法)을 전해 받고 산으로 내려오자 뭇 짐승들이 진표율사의 걸음 앞에 엎드렸고, 사람들은 정성을 다하여 스님을 맞이했습니다. 그리고 대연진(大淵津)에 이르자 용왕이 모습을 나타내어 옥(玉)과 가사를 바쳤으며, 그 용왕의 권속들의 도움을 받아 금산사를 중창하였습니다.

이때부터 진표율사는 금산사에 머물면서 해마다 계단(戒壇)을 열어 사람들을 크게 교화하였고, 수많은 이적(異蹟)을 보이면서 이 땅에 참회불교의 기틀을 마련하였던 것입니다.

심지스님의 참회

　진표율사의 참회불교 전통을 이은 분은 영심(永深) 스님입니다. 영심스님은 속리산에서 수도하고 있다가 미륵보살로부터 수기(授記)를 받은 진표율사가 계법(戒法)을 선양하고 있다는 소식을 듣고 융종(融宗)·불타(佛陀) 등과 함께 진표율사를 찾아가서 계법을 전수해 줄 것을 간청했습니다. 그러나 진표율사가 반응을 보이지 않자, 영심 등은 복숭아나무 위로 올라가서 거꾸로 땅에 떨어지며 참회했습니다. 곧 망신참(亡身懺)을 행한 것입니다.
　이에 진표율사는 그들에게 법을 전하고 관정(灌頂)을 베풀었으며, 영심을 후계자로 지목하여 미륵진성(彌勒眞性) 제9간자(簡子)와 제8간자, 《공양차제비법》 1권과 《점찰선악업보경》 2권을 주면서 속리산으로 돌아가 길상초(吉祥草)가 난 곳에 절을 세울 것을 당부하였습니다.

영심스님은 가르침대로 속리산으로 가서 길상초가 난 곳에 길상사(吉祥寺:법주사)를 세우고 점찰법회(占察法會)를 열었습니다.

한편 어릴 때부터 효심이 지극하고 우애가 깊었으며 천성이 맑고 지혜로웠던 심지(心地)는 15세에 머리를 깎고 출가하여 부지런히 불도를 닦았습니다. 그뒤 중악(中岳:八公山)에 머무르고 있을 때 속리산의 영심스님이 진표율사의 불골간자(佛骨簡子)를 이어받아 법회를 연다는 소식을 듣고 찾아갔지만, 제 날짜에 도착하지 못했다는 이유로 참여를 허락받지 못했습니다. 그러나 포기하지 않고 마당에서 참회하고 예배를 올렸습니다.

7일째 되던 날 큰 눈이 내렸는데, 스님의 주위 10자 가량에는 눈이 내리지 않는 것이었습니다. 놀란 승려들이 심지스님께 법당 안으로 들어가서 예배할 것을 청하였으나, 병이라 핑계한 뒤 머물던 방으로 들어가서 부지런히 예배를 계속했습니다.

이때 스님의 팔뚝과 이마에서는 피가 흘러내렸지만, 스님은 예배를 멈추지 않았습니다. 그리고 그날부터 지장보살이 매일 스님을 찾아와서 위문하였다고 합니다.

법회가 끝나자 스님은 다시 중악으로 향했습니다. 그런데 얼마쯤 가다가 보니 옷섶 사이에 미륵보살의 두 간자가 끼어 있는 것이었습니다. 스님은 법주사로 되돌아가 이 사실을 밝혔으나, 영심스님은 믿으려 하지 않았습니다.

"간자는 함 속에 있는데 어찌 그럴 리가 있겠는가?"

그러나 함을 조사해 본 영심스님은 깜짝 놀랐습니다. 함은 봉한 그대로 있었으나 열어 보니 간자가 없었기 때문입니다. 영심스님은 매우 기이하게 여기면서 이번에는 간자를 첩첩이 싸서 간직했습니다.

심지스님은 또 가다가 보니 먼저와 같이 간자가 있었으므로 다시 되돌아가 돌려주었습니다.

"부처님의 뜻이 그대에게 있으니 그대는 그 뜻을 받들어라."

이렇게 말하고 영심스님은 심지스님에게 간자를 주면서 법제자로 삼았습니다. 스님이 간자를 머리에 이고 중악으로 돌아가자 중악의 산신이 두 선자(仙子)를 데리고 마중을 나왔고, 심지스님께 삼가 정계(正戒)를 줄 것을 청했습니다. 스님은 계를 주고 말했습니다.

"이제 땅을 택하여 신성한 간자를 봉안하려 하노라. 그러나 우리가 터를 지정할 수는 없으니, 함께 높은 곳으로 올라가 간자를 던져 점지를 받도록 하자."

그들이 산꼭대기로 올라가 서쪽을 향해 간자를 던지자, 간자는 바람을 타고 날아갔고 산신은 이를 뒤쫓으며 노래를 불렀습니다.

바위가 멀리 물러가니 평탄하고
낙엽이 날아 흩어지니 땅이 깨끗하도다
불골간자를 찾아

정결한 곳에 봉안하고 치성할지어다

> 礙巖遠退砥平兮
> 落葉飛散生明兮
> 覓得佛骨簡子兮
> 邀於淨處投誠兮

이 노래를 부르고 산신은 간자를 임천(林泉) 속에서 찾아내었습니다. 스님은 그곳에 법당을 짓고 간자를 안치한 다음 몸을 잊고 참회하는 망신참(亡身懺)의 불교와 점찰법을 널리 펴뜨렸던 것입니다. 스님이 간자를 보관한 곳은 지금의 대구 동화사(桐華寺) 참당이라고 하며, 그 연대는 흥덕왕 7년인 832년으로 전해지고 있습니다.

진정한 불사(佛事). 심지스님은 단순히 절을 지은 것이 아니라 중생의 업을 녹이고 그 중생을 부처되는 길로 인도하는 참회불교를 유포시키고자 노력했습니다. 스스로 실천하여 큰 깨달음을 얻은 참회불교를 통하여 이 땅에 살고 있는 사람들을 해탈의 세계로 인도하였던 것입니다.

선하자 스님의 오도(悟道)

우리에게는 널리 알려져 있지 않지만, 조선 선조 때 선하자(禪荷子)라는 스님이 계셨습니다. 이 스님은 벽송대사(碧松大師)의 제자요, 조선시대 제일의 고승으로 추앙받고 있는 서산대사(西山大師)의 사숙이 되는 분입니다.

스님은 경상도 울산 출생으로, 일찍이 부모를 잃고 16세에 출가하여 전국의 유명한 사찰을 다니며 수행했습니다. 그러나 도를 이루는 것이 생각처럼 쉽지는 않았습니다. 24세가 되던 해, 스님은 크게 마음을 다져 잡고 많은 성현들이 이적(異蹟)을 나타내 보였다는 묘향산 문수암(文殊庵)으로 가서 대오(大悟)의 서원을 세우고 정진하였습니다.

어느 날, 문수암 주위를 산책하던 스님은 건너편 선령대(仙靈臺)에서 하얀 옷을 입은 노인이 거닐고 있는 것을 보았습니다. 아무리 보아도 범속한 인물이 아닌 듯하여 쫓아가 보았으나, 노인은 인홀불견(人忽不見), 간곳이 없었습니다. 참으로 이상한 일이었습니다. 두번 세번 눈을 씻고 거듭거듭 살펴보았지만, 그 족적(足蹟)조차 보이지 않았습니다.

'그분이 성현의 화신이 아니고서야 그럴 수 없다.'

이렇게 확신한 선하자 스님은 기도를 하여 기필코 그 노인을 만나보기로 결심했습니다. 스님은 백일 기도에 필요한 양식을 구하기 위해 안주땅으로 내려가 탁발을 했습니다. 단순히 양식을 구걸한 것이 아니라 하루 일곱 집을 돌면서 정성껏 축원하며 탁발하였고, 탁발한 식량을 등에 지고 묘향산으로 돌아올 때는 한 걸음 옮기고 절을 한번 하는 일보일배례(一步一拜禮)를 행하였습니다.

비지땀을 흘리며 산 중턱쯤 올라왔을 때, 16명의 조그마한 아이들이 놀고 있다가 스님을 반겼습니다.

"스님, 저희들이 올려다 드리겠습니다."

아이들은 스님의 짐을 받아 문수암까지 들어다 주고는 흔적도 없이 사라졌습니다. 나중에 안 일이지만, 그 아이들은 일반 세속인이 아니라 선하자 스님의 정성에 감동하여 나타난 문수암의 16나한이었습니다.

그날부터 선하자 스님은 직접 마지(부처님께 올리는 밥)를 지어 올리며 백일 기도를 시작했습니다.

"관세음보살 관세음보살 관세음보살 관세음보살……."

스님은 새벽부터 한밤중까지 목탁을 두드리며 관세음보살을 염창(念唱)하였을 뿐 아니라, 마지를 올리는 시간, 밥을 먹는 시간, 화장실을 가는 시간에도 계속해서 관세음보살을 염하였습니다. 나중에는 꿈속에서도 관세음보살을 염불하는 경지에 이르렀습니다.

마침내 1백일이 흘러 회향날이 되었습니다. 스님이 마지막 마지를 지어 법당으로 올라가고 있을 때, 갑자기 커다란 망태기를 짊어진 늙수그레한 포수가 나타나 애원했습니다.

"스님, 여러 날 동안 굶어 배가 고파 죽을 지경입니다. 제발 그 밥을 저에게 주십시오."

마음 같아서는 당장에 그 밥을 주고 싶었으나 부처님께 올리는 공양인지라, 스님은 도리어 포수에게 사정을 하였습니다.

"영감님 사정을 보아서는 마땅히 이 공양을 드려야 하겠지만, 오늘이 바로 저의 백일 기도를 회향하는 날입니다. 잠깐만 기다리면 기도를 마치고 상을 차려 드리겠습니다."

그러나 포수는 막무가내였습니다.

"스님께서 마지를 올리고 나면 저는 이미 배가 고파 죽어 있을 것입니다. 부처님께 마지를 올리는 것보다 불쌍한 중생 하나를 살리는 것이 더 뜻있는 기도가 아니겠습니까?"

"그렇기는 합니다만, 스스로 부처님께 깊이 맹세한 바가 있어 어쩔 수 없습니다. 잠시만 기다려 주십시오."

"정히 그렇다면 할 수 없지. 이 총으로 스님을 죽이고 밥을 빼앗아 먹을 수밖에!"

포수가 총을 겨누었지만 스님은 뜻을 굽히지 않았습니다.

"여지껏도 굶었는데 잠깐 사이를 참지 못한다면 어찌 사람이라 하겠습니까? 나 또한 이 자리에서 죽는다 할지라도 마지를 부처님께 먼저 올리지 않고는 당신에게 밥을 드릴 수 없소."

선하자 스님이 그를 떨치고 법당으로 올라가자, 포수는 스님의 등을 향해 방아쇠를 당겼습니다.

"탕 —."

총소리는 온 산중에 메아리쳤습니다. 그러나 마땅히 죽어야 할 선하자 스님은 쓰러지기는커녕 그 순간 확철대오(廓徹大悟) 하였습니다. 스님은 너무나 기뻐 덩실덩실 춤을 추며 가가대소(呵呵大笑)하였습니다. 그러다가 정신을 차려 주위를 둘러보니 포수는 간곳이 없었습니다. 바로 그분은 포수가 아니라 선하자 스님의 정성을 시험하고 깨달음의 연(緣)을 심어 주기 위해 나타난 문수보살님이었습니다.

죽고 사는 것까지 넘어서서 깨달음을 이루고자 기도하는 사람에게는 반드시 깨달음이 다가서기 마련입니다. 꼭 참선을 하셔야만 도를 깨달을 수 있는 것은 아닙니다. 선하자 스님의 경우처럼 기도가 꿈속에서도 이루어지고 일념삼매(一念三昧)에 젖어 들게 되면 깨달음의 문이 저절로 열리게 된다는 사실을 잊지 마시기 바랍니다.

잠을 쫓고 불망지를 이룬 수월스님

이제 조금 더 가까운 시대의 이야기를 해봅시다.

근세의 고승 중 수월(水月, 1855~1928) 스님이라는 분이 계셨습니다. 근대 선불교의 중흥조인 경허대선사(鏡虛大禪師)의 가장 큰 법제자인 수월스님은 충청남도 홍성에서 태어나 남의 집 머슴살이를 하며 살았습니다. 나이 서른에 서산 천장사(天藏寺)로 출가하여 성원(性圓) 스님의 제자가 되었지만, 배우지 못한데다 머리까지 둔하여 불경을 배워도 쉽게 이해하지 못했습니다. 은사 성원스님은 글을 가르치는 것을 포기하고 땔나무를 해오는 부목(負木), 밥을 짓는 공양주(供養主) 등의 소임을 3년 동안 맡겼습니다.

그런데 기적 같은 일이 벌어졌습니다. 수월스님이 불공할 때 올릴 마지를 지어 법당으로 갔을 때, 마침 부전스님(기도승)이 천수대비주(千手大悲呪)를 송(頌)하고 있었습니다.

"나모라 다나다라 야야 나막알약 바로기제 새바라야 모지 사다바야 …… 나모라 다나다라 야야 나막알약 바로기제 새바라야 사바하."

스님은 이를 한번 듣고 모두 외울 수 있었습니다. 그토록 머리가 좋지 않다고 구박을 받았는데, 총 442글자의 천수대비주가 저절로 외워진 것입니다. 이후 스님은 나무를 하러 가거나 밥을 짓거나 마냥 천수대비주를 흥얼거리며 다녔습니다.

그러던 어느 날, 은사 성원스님이 법당에서 불공을 드리다가 마지 오기를 기다리고 있는데, 마땅히 제시간에 와야 할 마지는 한참이 지나도 오지 않고 밥 타는 냄새만 절 안에 진동하는 것이었습니다. 이상하게 여겨 부엌으로 찾아간 성원스님은 전혀 예상 밖의 광경을 목격하게 되었습니다.

수월스님이 대비주를 외우면서 계속 아궁이에 장작을 넣고 있는 것이었습니다. 밥이 까맣게 탄 것이 문제가 아니라, 솥이 벌겋게 달아 곧 불이 날 지경이었습니다. 그야말로 무아지경 속에서 대비주를 외우고 있었던 것입니다. 이를 본 성원스님은 수월스님에게 방을 하나 내어 주면서 말했습니다.

"오늘부터 너에게 이 방을 줄 터이니, 마음껏 대비주를 외워 보아라. 배가 고프면 나와서 밥을 먹고 잠이 오면 마음대로 자거라. 나무하고 밥 짓는 일은 내가 알아서 처리할테니……."

수월스님은 '감사하다'는 말 한마디를 남기고, 가마니 하나를 들고 방으로 들어가서 문짝에 달았습니다. 빛이 안으로 들어오지 못하도록 한 것입니다. 그리고는 천수대비주를 외우기 시작했습니다. 방 밖으로는 밤낮없이 대비주를 외우는 소리가 울려 나오고…….

마침내 7일째 되는 날, 수월스님은 문을 박차고 나오며 소리쳤습니다.

"스님, 잠을 쫓았습니다! 잠을!"

이때 수월스님은 천수삼매(千手三昧)를 증득하여 무명(無明)을 깨뜨리고 깨달음을 얻었을 뿐 아니라, 불망념지(不忘念智)를 증득하게 되었습니다.

이전까지는 글을 몰라서 경전을 읽지도 못하고 신도들의 축원도 쓰지 못하였지만, 불망념지를 이룬 후부터는 어떤 경전을 놓고 뜻을 물어도 막힘이 없게 되었으며, 수백 명의 축원자 이름도 귀로 한번 들으면 불공을 드릴 때 하나도 빠짐없이 외웠다고 합니다.

그리고 천수삼매를 얻은 뒤에도 참선정진을 꾸준히 계속하였는데, '잠을 쫓았다'는 그 말대로 일평생 잠을 자지 않았다고 합니다. 말년에는 백두산 간도지방 등에서 오고 가는 길손들에게 짚신과 음식을 제공하며 보살행을 실천했던 수월스님! 오늘날까지 자비보살이요 숨은 도인으로 추앙받고 있는 수월스님의 도력은 천수대비주 기도에서 비롯되었던 것입니다.

견성의 기틀을 마련한 백용성 스님

3·1운동 당시 33인의 한 사람이었던 백용성(白龍城) 스님도 천수대비주를 외워 큰 경지를 이룬 고승입니다.

유교 집안에서 태어난 스님이 불교와 첫 인연을 맺은 것은 1877년 14세 때의 일입니다. 꿈속에서 부처님의 수기(授記)를 받고 불경을 보기 시작하였고, 남원 덕밀암(德密庵)으로 출가하였으나 부모님의 강한 만류로 집에 돌아와야 했습니다.

그후 2년이 지난 16세 때 해인사로 찾아가 화월(華月) 스님을 은사로 모시고 정식으로 출가하였으며, 17세 때 의성 고운사의 수월스님을 찾아가서 소년답지 않은 질문을 던졌습니다.

"나고 죽음은 인생에 있어 가장 큰일입니다. 모든 것은 무상하여 날로 변합니다. 어떻게 해야 생사도 없고 변하지도 않는 '나'의 성품을 볼 수 있습니까?"

그러나 수월스님은 이 질문에 대한 답을 하지 않고, 먼저 천수대비주를 외울 것을 권했습니다.

"지금은 숙업(宿業)이 무겁고 장애가 많아 견성법(見性法)을 너에게 일러주어도 제대로 이해할 수 없다. 대비주(大悲呪)를 부지런히 외우면 업장도 소멸되고 마음도 맑아져서 저절로 길을 알 수 있게 될 것이다. 얼마 동안은 아무 생각 말고 대비주만 외우도록 하여라."

수월스님의 가르침에 따라 스님은 대비주를 10만번 외우기로 스스로 다짐하고 부지런히 외웠습니다. 9개월에 걸쳐 대비주를 10만번 외워 마쳤을 때 스님은 양주 보광사 도솔암(兜率庵)에 머물러 있었습니다. 그런데 불현듯이 한 가지 의문이 솟아오르는 것이었습니다.

"산하대지와 삼라만상에는 모두 근원이 있다. 그렇다면 사람의 근원은 무엇인가? 보고 듣고 깨닫고 아는 근원은 어디에 있으며 어디에서 오는 것인가?"

이 의문을 일념으로 생각한 지 엿새가 되었을 때, 마치 깜깜한 방에 등불이 밝혀지듯 그 근원을 확연히 알 수 있게 되었습니다. 그뒤 용성스님은 '무(無)'자 화두를 꾸준히 참구하여 확철대오(廓徹大悟) 하였으며, 일제의 대처불교에 대응하여 대각교운동(大覺教運動)을 전개하고 역경 사업에도 크게 공헌하였습니다.

우리는 스님의 깨달음과 모든 활동에 10만 독(讀)의 대비주가 힘의 원천을 이루고 있다는 사실에 주목을 해야 합니다.

'대비주'도 좋고 '관세음보살'도 좋습니다. '나무아미타불'도 좋고 '마하반야바라밀'도 좋습니다. 무엇이든 한 가지를 택하여 부지런히 염하십시오. 특히 지금 불법의 문턱에 들어선 사람은 한 차례 깊이 기도를 할 필요가 있습니다. 스스로 마음을 정하여 열심히 기도하기를 당부드립니다.

윤회와 인과응보를 깨닫다

현대의 고승 중 제선(濟禪) 스님이란 분이 계셨습니다. 은사인 윤포광(尹包光) 스님이 제주도에서 참선하러 왔다고 하여 '제선'이라는 법명을 주었습니다.

스님은 출가하기 전, 일본에 유학하여 대학을 다니면서 독립운동에도 참여하였습니다. 졸업 후 제주도로 돌아와서 하는 일 없이 지내자, 일본 경찰들이 요시찰인물(要視察人物)로 지목하여 감시를 늦추지 않았습니다. 때마침 집안 어른들이 적당한 색시가 있다며 결혼을 시켰고, 얼마 후 잘생긴 아들을 낳았습니다.

'아무리 뜯어보아도 나무랄 데 없는 놈이야. 애를 대통령감으로 키워서 이 나라를 독립시켜야지!'

아들에게 특별한 정을 느꼈던 그는 아이를 지극정성으로 키웠습니다. 옷도 최고급, 먹는 것도 제일 좋은 것들로만 사주면서 애지중지했습니다. 그런데 아이가 국민학교에 입학하고 며칠이 지났을 때, 잘 놀던 아이가 "아야!" 하더니 탁 쓰러져서 영영 깨어나지 않는 것이었습니다.

그는 아이의 시체를 안고 몇 날 며칠 동안 밥도 먹지 않고 울었습니다. 날이 갈수록 그의 우울증은 커졌고 집안은 엉망이 되어갔습니다. 보다 못한 어머니는 돈 백원을 주면서 여행을 다녀올 것을 권했습니다.

"금강산 구경이나 다녀오너라."

그러나 금강산을 가기는커녕 서울에서 내기바둑을 두다가 돈 백원을 모두 날려 버렸습니다. 어차피 특별한 의욕이 없었던 그는 노동판에서 일도 하고 구걸도 하며 이곳 저곳을 떠돌아 다녔습니다. 그럭저럭 그의 발길은 묘향산에 이르렀고, 그곳에서 넓은 감자밭을 일구며 토굴살이 하는 스님을 만났습니다. 토굴에서 며칠을 붙어 살다가 스님과 조금 가까워지자, 그는 아들을 잃은 이야기를 들려주었습니다.

"그런데 스님, 그 아이가 왜 그렇게 죽어 버린 것일까요? 그 까닭을 알지 못하고는 제대로 살 수가 없습니다."

"그것 알아보는 것이야 간단하지. 7일만 잠 안자고 기도하면 금방 알 수 있어."

"정말입니까?"

"만일 그렇게 해서 기도성취 못하면 내 목을 베어라. 아니, 부처님 목도 떼어 버려라."

"좋습니다."

그날부터 기도는 시작되었습니다.

"관세음보살 관세음보살……."

그런데 평소 때는 그토록 잠이 없던 사람이 기도를 시작하자 잠이 퍼붓기 시작하는 것이었습니다. 그러나 스님은 그 졸음을 용납하지 않았습니다. 조금만 졸면 언제 나타났는지 주장자로 머리를 탁 때리면서 호통을 쳤습니다.

"때려치워라. 벌써 졸았으니 소용없어. 기도성취 보려거든 다시 시작해."

며칠 동안 졸고 혼나고 졸고 혼나기를 거듭한 그는 '먼저 잠 안자는 연습부터 해야겠다'는 결심으로 깡통을 두드리며 감자밭 주위를 돌아다녔습니다.

"관세음보살 관세음보살……."

그렇지만 졸음을 이기기는 쉽지 않았습니다. 어떤 때는 밭두렁에서 떨어져 거꾸로 처박혔는데, 거꾸로 처박힌 채 잠에 골아떨어지기도 했습니다. 깨어나서 보면 목이 퉁퉁 부어 있고……. 이렇게 갖은 고생을 하며 잠과 싸운지 42일째 되는 날, 물건들이 커 보이기도 하고 작아 보이기도 하는 등 시야는 흐렸지만 잠은 오지 않게 되었습니다.

"오늘부터 다시 기도를 시작해라."

스님의 지시대로 그는 7일 동안 잠을 자지 않고 관세음보살을 끊임없이 불렀습니다. 하지만 아들이 죽은 까닭을 알 수 없었습니다.

'속았구나. 부처도 관세음보살도 원래 없는 것이구나.'

이렇게 생각하고 불상의 목을 떼겠다며 불단 앞으로 가다가 탁자에 소매가 걸려 앞으로 넘어졌습니다.

바로 그 찰나, 아들이 그의 앞으로 다가오고 있었습니다. 너무나 반가워 안으려 하자, 아들은 '히— ' 웃으며 저만치 물러서는 것이었습니다. 무거운 발걸음을 옮겨 겨우 다가가면 또 도망가 버리고 도망가 버리고……. 마침내 그는 화가 머리 끝까지 치솟았습니다.

'저런 놈은 아예 죽여 버려야 한다. 저놈을 어떻게 잡아 죽일까? 돌멩이로 머리를 박살낸 다음 밟아 죽일까?'

이렇게 못된 생각까지 하다가 아이의 엉덩이를 발로 차자, 아이는 "아야!" 소리를 지르며 뒤로 돌아섰습니다. 그러더니 개로 변하는 것이었습니다. 순간 그의 뇌리로 일본 유학 시절에 있었던 일이 주마등처럼 스치고 지나갔습니다.

대학을 다닐 때 머물렀던 친척 아저씨 집에는 개가 한 마리 있었습니다. 개는 그를 열심히 따랐을 뿐 아니라 말귀도 매우 밝았습니다. 산책을 갈 때도 극장구경을 갈 때도 개는 열심히 쫓아왔습니다.

"너는 극장에 못 들어간다. 집에 가 있다가 나중에 오너라."

그러면 개는 집으로 갔다가 그가 극장에서 나올 시간에 맞추어 다시 와서 좋다고 매달리는 것이었습니다.

그렇게 영리하던 개가 어느 날 갑자기 병이 들어 통 먹지를 않았습니다. 얼마 더 지나자 뼈만 앙상하게 남아 곧 죽을 것처럼 되었습니다. 보기가 애처로워진 친척 아저씨는 개를 버리기로 마음먹었습니다.

"도시 한복판에서 개가 죽으면 재수가 없다. 상자에 실어서 교외로 가지고 나가 버려라."

할 수 없이 개를 담은 상자를 자전거에 싣고 교외로 나간 그는, 숲속에 상자를 내려 놓고 개에게 말했습니다.

"나는 너를 버리고 싶지 않지만 어쩔 수 없구나. 네가 죽을 병이 들어 밥도 먹지 않으니……. 여기 있다가 편안하게 죽어라."

순간, 개가 눈물을 뚝뚝 흘리는 것이었습니다. 가슴이 아팠지만 일어서서 자전거를 끌고 가는데, 개가 '왕' 소리를 지르며 쫓아왔습니다. 비실비실 쫓아오다가 쓰러지고, 쫓아오다가 쓰러지고……. 어느덧 날도 저물어 교외의 어떤 집에 들어가서 하룻밤 신세를 지기로 하였는데, 거기까지 쫓아온 개는 그의 곁에 바짝 붙어 떨어지려고 하지 않았습니다. '나를 버리고는 못 간다'는 듯이.

마침 바짝 마른 개를 측은하게 여긴 그 집 주인은 된장국에 밥을 말아 주었고, 이제까지 먹지 않던 개는 기운을 차려야겠다고 결심이나 한 듯 그릇까지 싹싹 핥아먹었습니다. 그리고 이튿날 아침에도 된장국 한 그릇을 말끔히 먹고는 병이 나은 듯이 움직이기 시작했습니다.

그가 자전거를 타고 달리기 시작하자 개는 죽을 힘을 다하여 쫓아왔습니다. 천천히 달리면 천천히, 빨리 달리면 빨리 쫓아오는 것이었습니다. 그러다가 개가 미루나무에 기대 오줌을 누는 틈을 타서 자전거를 힘껏 몰았습니다. 최대 속력을 낸 결과, 그는 개를 따돌릴 수 있었습니다.

그런데 세 달이 지난 후, 그 개가 집으로 돌아온 것입니다. 학교가 파하고 돌아와 보니 개가 와 있었는데, 개는 섬뜩한 눈빛으로 그를 쏘아보았고, 만지는 것도 옆에 오는 것도 허락하지 않았습니다. 그렇게 한 주일 정도 집에 있다가 개는 다시 사라져 버렸습니다.

"아하, 그 개가 나의 아들로 태어나서 제 찢어진 마음의 앙갚음을 나에게 하였구나!"

그는 인과의 법칙을 깨닫고 가야산 해인사 백련암으로 출가하여 승려가 되었습니다.

그뒤 제선스님은 참선수행하여 높은 경지를 이루었고, 나이 육십이 조금 못 되었을 때 천축산 무문관(無門關)으로 들어가 방 밖으로 한 발자욱도 나오지 않고 6년 동안 정진하였습니다.

그런데 6년을 며칠 앞두고 행방불명이 되었습니다. 한 거사가 스님의 수행을 자랑한답시고 TV 인터뷰를 강요하였기 때문입니다.

현재까지도 자취를 감추고 계신 제선스님은 사람의 인적이 닿지 않는 곳에서 고고한 학처럼 살아가고 계실 것입니다.

부디 바라건대 부지런히 기도해 보십시오. 일이 내 뜻과 같이 이루어지지 않을 때, 꼭 풀어야 할 일인데도 풀리지 않을 때, 불보살님의 큰 힘을 믿고 열심히 기도해 보십시오.

특히 잠을 자지 않고 하는 기도라면 기간은 7일로 족합니다. 반드시 풀어야 하고 해결해야만 할 간절한 문제가 있다면 잠을 자지 않고 7일 동안만 기도해 보십시오. 틀림없이 모든 매듭이 풀어지고 뜻과 같이 이루어질 것입니다.

III
업병도 불치병도
기도를 통하여

문둥병을 고친 남호스님

1831년(순조 31) 추운 겨울날, 강원도 철원군에 있는 보개산 석대암(石臺庵)에는 뜻하지 않은 손님이 찾아왔습니다. 한 떼거리의 문둥이들이 떠돌아다니다가 구걸하기 위해 찾아온 것입니다. 그 무리 속에는 벌벌 떨고 있는 10세 가량의 소년도 끼어 있었습니다. 주지스님은 특히 그 소년이 불쌍했습니다.

따뜻한 밥을 지어 그들을 대접한 주지스님은 문둥이 왕초에게 말했습니다.

"저 아이는 병이 든 듯 몹시 떨고 있구려. 웬만하면 여기 두고 가시오. 이 겨울 한철은 내가 돌보아 줄테니……."

"아이구, 스님 감사합니다. 그냥 데리고 다녀도 힘든데 병까지 들어 걱정을 하고 있던 참이었습니다."

문둥이 일행이 떠난 뒤 스님은 소년에게 물었습니다.

"고향은 어디냐?"

"전라도 고부입니다."

"이름은?"

"성은 정(鄭) 가고 이름은 영기(永奇)입니다."

"부모님은?"

"일찍 돌아가셔서 시집간 누님 집에 살았는데 그만 몹쓸 병에 걸려 쫓겨났습니다."

"너의 병을 틀림없이 고칠 수 있는 방법이 있는데 한번 해 보겠느냐?"

"하고 말고요. 문둥병만 나을 수 있다면 불구덩이 속에라도 뛰어들겠습니다."

"너의 결심이 그러하다면 좋다. 내가 시키는 대로 해보아라."

주지스님은 영기에게 방을 하나 내주고는, 지장보살을 부르면서 속으로 '병이 낫도록 해주십시오' 하며 기원하도록 가르쳤습니다. 영기는 밤낮을 가리지 않고 지장보살을 불렀습니다. 밥 먹고 잠자는 시간 외에는 지장보살께 매달려 문둥병 완쾌를 빌었던 것입니다. 이렇게 기도하기를 50여 일, 꿈에 노스님 한 분이 나타나 머리를 쓰다듬으며 말씀하셨습니다.

"불쌍한 것. 전생 죄업 때문에 피고름을 흘리는 고통을 받다니……. 네가 나를 그토록 간절히 찾으니 어찌 무심할 수 있겠느냐?"

노스님은 부드러운 손으로 고름이 줄줄 흐르는 영기의 더러운 몸을 차례로 어루만지기 시작했습니다. 눈·귀·코·입, 가슴·등·배, 팔·다리·어깨 등을 차례로 주무르자, 피부가 보통 사람들과 같이 바뀌면서 몸이 날아갈 듯이 가벼워지는 것이었습니다.

"이제 너의 병이 모두 나았으니 스님이 되도록 하여라. 틀림없이 고승이 될 것이다. 잘 명심하여라. 나는 이만 물러가겠다."

순간, 영기는 꿈에서 깨어났습니다. 그런데 참으로 기적이 일어나 있었습니다. 꿈에서와 같이 문둥병이 씻은 듯이 나아 있었습니다. 온몸에 가득했던 곪아터진 부스럼은 간곳이 없었고, 며칠이 지나자 빠졌던 눈썹도 새까맣게 다시 나는 것이었습니다.

이렇게 기도를 통하여 지장보살의 가피를 입은 영기. 영기는 자진하여 머리를 깎고 승려가 되었으며, 은혜를 갚는다는 마음으로 열심히 불법을 닦고 계율을 철저히 지켰습니다. 이분이 바로 '동방의 율사'로 이름 높은 남호(南湖) 스님으로, 1872년(고종 9)의 입적 전까지 수많은 경전 간행과 사찰 중건 등을 하였으며, 법문·수계 등을 통한 교화활동에 주력하면서 일생을 보냈습니다.

모다라니 10만번을 외우고

문둥병을 치료한 또 하나의 기도 이야기를 하겠습니다.

조선 말기, 고(高)씨 성을 가진 한 젊은이가 문둥병에 걸렸습니다. 처음에는 온몸이 곪아터지기 시작하더니, 마침내는 손가락 마디마디가 떨어져 나가 양쪽 엄지 손가락만이 남게 되었습니다. 집에서도 마을에서도 쫓겨나게 된 그 젊은이는 이곳 저곳을 전전하며 한술 밥을 빌어먹으면서 모진 목숨을 부지해야 했습니다.

그러던 어느 여름날, 젊은이는 정자나무 밑에서 한 노스님을 만났고, 기도성취에 관한 여러가지 이야기를 듣다가 자신의 병에 대해 물었습니다.

"스님, 제가 걸린 문둥병도 고칠 수 있습니까?"

"고칠 수 있다마다. 〈불정심관세음보살모다라니〉 10만번만 외우면 능히 나을 수 있지."

"스님, 저에게 그 주문을 가르쳐 주십시오."

노스님은 자상하게 그 주문을 써 주고, 직접 여러 차례 읽어 주었습니다.

> 나모라 다나다라 야야 나막 아리야 바로기제 새바라야
> 모지사다바야 마하사다바야 마하가로니가야 다냐타 아
> 바다 아바다 바리바제 인혜혜 다냐타 살바다라니 만다
> 라야 인혜혜 바라마수다 못다야
> 옴 살바작수가야 다라니 인지리야 다냐타 바로기제 새
> 바라야 살바돗타 오하야미 사바하

젊은이는 곧바로 동네 앞에 있는 개천가로 가서 잔돌 10만 개를 모았습니다. 젊은이는 아침저녁, 동네에 들어가 밥을 얻어먹는 시간을 제외하고는 오로지 〈관세음보살모다라니〉를 외우는 일에만 몰두했습니다. 한번 외우고는 돌을 하나 치우고, 또 한번 외우고는 돌을 하나 치우고……. 이렇게 하다 보니 돌 10만 개가 하나도 남지 않게 되었고, 그날 밤 감미로운 한 편의 꿈을 꾸었습니다.

우아하고 아름다운 한 여인이 젊은이를 찾아와 두 팔로 안더니, 개천으로 데리고 들어가서 정성껏 온몸을 씻어 주는 것이었습니다. 젊은이는 말할 수 없는 상쾌함을 느끼고 꿈에서 깨어났는데, 그토록 자신을 못살게 굴었던 문둥병이 깨끗이 치료되어 있었던 것입니다.

젊은이는 <관세음보살모다라니>를 일러준 노스님을 은인으로 생각하고, 다시 한번 만나 보기 위해 전국 방방곡곡의 절을 찾아다녔습니다. 그러나 그 노스님은 찾을 수도 없었고, 그와 같은 노스님을 알고 있는 사람도 없었습니다. 다만 젊은이가 불연(佛緣)이 깊음을 느낀 여러 스님들은 한결같이 이렇게 권했습니다.

"그분은 틀림없이 관세음보살의 화신일 것이오. 은혜를 갚으려거든 중이 되시오."

젊은이는 마침내 출가하여 덕산(德山)이라는 법명을 받았고, 경주 석굴암에서 일평생을 기도하며 지냈다고 합니다.

예로부터 <불정심관세음보살모다라니>를 10만번 외워 목숨을 구하고 불치병을 치료한 예는 참으로 많습니다. 이처럼 언제까지 해야 할지 모르는 막연한 기도가 아니라, 10만번이라는 한정된 숫자를 두고 기도하는 것도 좋은 방편의 하나가 될 수 있습니다.

지금 중한 병에 걸렸거나 큰 장애가 있는 분이라면 이 모다라니를 정성껏 외워 보십시오. 10만번의 숫자 속에서 녹아내리는 업장! 업장만이 녹아내리면 거기에 청량이 있고 자유와 해탈이 있습니다. 부디 신심을 일으켜 한번 부딪쳐 볼 일입니다.

보해스님의 만성 위궤양

　1960년대 초까지 가야산 해인사에는 인격을 구비한 강사요, 법사인 장보해(張寶海) 스님이 계셨습니다.
　스님은 어린 시절 출가하여 해인사 백련암에서 노스님을 시봉하며 살았습니다. 그런데 15세 가량이 되자 배가 불룩해지기 시작했고, 마침내 위궤양으로 시달리게 되었습니다. 밥을 잘 먹지 못하다 보니 기운이 크게 떨어졌고, 기운이 떨어지다 보니 자주 드러눕게 되었으며, 누워 있는 시간이 길어지다 보니 수행은커녕 시봉도 제대로 하지 못하게 되었습니다. 노스님은 이러한 모습을 한참 동안 지켜보다가 보해스님을 불렀습니다.
　"이놈아! 세상 사람들에게는 쌀이 양식이지만 중에게는 신심이 양식이다. 중이 아픈 것은 신심이라는 양식이 모자라기 때문이야. 그렇게 신심없이 빌빌거리며 살 바에는 마을로 내려가서 거지가 되어 살아라."

　노스님은 주장자로 때리면서 보해스님을 내쫓았습니다. 그런데 당시의 스님네는 요즘 승려들과 달랐습니다. 교통이 불편하여 집에도 마음대로 갈 수 없었지만, 일단 절에서 쫓겨나면 죽은 것이나 다를 바 없다고 여겼습니다.

　보해스님은 멀리 가지 못하고 백련암 조금 아래쪽의 가운데가 푹 파인 동구나무 속에 들어가 가마니를 덮고 누워 생각했습니다.

　'노스님께서 어찌 그릇된 말씀을 하셨으랴. 나의 병은 신심이 부족한 데서 온 것이 분명하리라. 지금부터라도 신심을 기르자. 일찍이 스님께서는 위급하고 어려운 일에 다다랐을 때 관세음보살을 부르면 해탈을 얻게 된다고 하셨다. 이제부터라도 열심히 관세음보살을 부르면 신심도 생겨나고 나의 병도 나을 수 있을 것이다.'

　스님은 열심히 관세음보살을 부르면서 기원했습니다.

　"관세음보살님, 저는 지금 위급합니다. 제발 저를 살려 주십시오."

　이렇게 꾸준히 관세음보살을 부르다가 잠이 들면 자고, 참을 수 없을 정도로 허기가 지면 노스님의 눈을 피하여 백련암 부엌으로 가서 음식을 찾아 먹었습니다. 그리고는 관세음보살을 부르고 또 부르고······.

　약 7일이 지났을 무렵, 스님은 관세음보살을 부르다가 깜박 잠이 들었습니다. 그런데 자기가 말로만 들었지 한번도 가 보지 못했던 영천 은해사(銀海寺)에 가 있는 것이었습니다. 절 주위에는 소나무가 가득하고, 바위가 좋은 계곡에는 시퍼런 물이 콸콸 흘러내리고 있었습니다.

'아, 참 좋구나. 해인사 계곡만 좋은 줄 알았더니 여기 계곡도 참 좋구나. 이 은해사는 처음 가는 절이니 옷을 단정히 입고 정신을 차려서 부처님께 절을 해야지.'

스님이 법당 앞의 배례석(拜禮石)에 이르러 부처님께 절을 올리는 순간, 법당 안에서 소리가 울려 나왔습니다.

"왔느냐?"

그리고는 법당 안으로부터 흰 가운을 걸치고 청진기를 건 스님, 주사기를 든 스님, 왕진가방을 든 스님들이 여러 명 나왔고, 그중 가장 나이가 많은 스님이 말했습니다.

"여기, 이 침대 위에 누워라. 먼 길을 왔으니 수술을 해주어야지."

그 의사 스님은 배를 만져 보더니 부엌칼처럼 생긴 칼을 꺼내어 배를 쫙 가르는 것이었습니다.

순식간에 창자들이 나오자 칼로 창자를 잘라내어 큰 시루에 옮겨 담았고, 금방 시루 하나가 가득 채워졌습니다.

의사스님이 옆에 있던 뚱뚱한 간호사에게 눈짓을 하자, 간호사는 시루를 이고 계곡으로 가서 콸콸 흐르는 물에 창자를 넣어 씻기 시작했습니다. 그러자 창자 속에서 돌도 나오고 모래도 나오고 가시도 나오는 것이었습니다. 간호사는 창자를 모두 씻은 다음 비틀어 짜더니, 깨끗이 닦은 시루에 담아 가지고 와서 배에 집어 넣기 시작했습니다. 그 감촉이 너무나 차서 스님은 자기도 모르게 소리쳤습니다.

"앗! 차가. 으 차가워."

이렇게 창자를 모두 집어 넣고 나서 바늘로 이불을 꿰매듯 배를 꿰매 주더니, 의사스님이 소리쳤습니다.

"이제 됐다. 엄살부리지 말고 일어나거라!"

보해스님은 깨어났고, 깨고 보니 꿈이었습니다. 조금도 아픔이 없었던 은해사 의사스님들의 대수술……. 스님은 꿈속의 장면들을 떠올리면서 배를 만져 보았습니다. 그런데 그토록 불렀던 배가 푹 꺼지는 것이었습니다. 배의 이곳 저곳을 만져 보았지만 조금도 아픈 곳이 없었습니다.

날이 새자 보해스님은 백련암으로 올라가 노스님 앞에 꿇어 앉았습니다.

"스님, 배가 아프지 않습니다. 거두어 주십시오."

"이제 신심이 조금 생긴 것 같구나. 앞으로는 더욱 열심히 닦아라."

그뒤 보해스님은 해인사 강원에 들어가 열심히 공부를 하였고, 약 10년이 지나 평소 꼭 가 보고 싶었던 은해사로 향했습니다. 그런데 정말 묘하게도 은해사는 꿈속에서 수술을 받을 때의 모습과 조금도 다르지 않았습니다.

"아! 나는 전생에 은해사 중이었던가 보다. 관세음보살의 가피로 꿈속에서나마 전생 인연이 있는 이 절에 와서 병을 치료 받게 된 것이 틀림없다."

보해스님은 은해사로 승적(僧籍)을 옮겨 은해사에 살고 싶었지만, 노스님을 생각하여 해인사에 그대로 머물러 살았습니다. 그리고 그날 이후 더욱 열심히 도를 닦다가 약 20년 전에 입적하셨습니다.

불구의 다리를 고친 화엄스님

김해 동림사(東林寺)에는 수염을 길게 기른 화엄(華嚴) 스님이 계십니다. 이 화엄스님은 동산(東山) 큰스님의 제자로서, 특별한 출가 인연을 가지고 있습니다.

1925년생인 화엄스님은 일찍이 일본 경도(京都)에서 의과대학을 다니다가 학도병으로 차출되어 남양군도로 끌려갔습니다.

그곳에서 미군들과 전투를 치르던 어느 날, 갑자기 공중에서 포탄이 떨어져 수십 개의 파편이 다리 속으로 박히는 심한 부상을 입었습니다. 그는 곧바로 병원으로 실려 갔고, 파편 제거수술을 완벽하게 받아 겉으로 보기에는 조금도 이상한 곳이 없었습니다.

그런데 다리가 항상 저리고 아파서 올바로 걸을 수 없었기 때문에 절뚝절뚝 절게 되었습니다. 이 부상 때문에 제대를 하여 고향으로 돌아오기는 했지만, 영영 불구자가 되고 만 것입니다. 또 엎친 데 덮친다고, 때마침 그와 사귀던 여인마저 기숙사에 불이 나서 타죽고 말았습니다.

몸도 좋지 않은 데다 마음의 상처까지 받은 그는 수양을 하기 위해 범어사 대성암(大聖庵)으로 들어갔고, 그곳 스님들은 그에게 관세음보살 보문품을 외울 것을 권하였습니다. 처음 심심풀이 삼아 보문품을 읽던 그는 차츰 관세음보살에 대한 믿음이 깊어졌고, 나중에는 틈만 나면 목청을 가다듬어 '관세음보살'을 염불하게 되었습니다.

이렇게 몇 달을 대성암에서 지낸 어느 날 밤, 그는 꿈을 꾸었습니다. 그가 범어사 뒤의 금정산을 오르고 있는데, 산 위로부터 갓을 삐딱하게 쓴 영감님 한 분이 내려오더니 대뜸 욕부터 하는 것이었습니다.

"에잇, 지지리도 쓸모없는 놈! 의사란 놈이 다리를 절뚝절뚝 절고 다녀? 침을 한 대 맞아야 되겠구먼."

영감님은 품속에서 넓적하게 생긴 대패침 하나를 꺼내서 콧김을 쐰 다음 상투에 쓱쓱 문질렀습니다.

"이리 와."

그리고 강압적으로 팔을 잡아당기더니 대패침으로 파편이 박혔던 허벅지를 꽉 찌르는 것이었습니다.

"아이구 아야!"

그는 고함을 지르며 깨어났고, 깨고 보니 꿈인데 허벅지에서 고름이 한 사발이나 쏟아져 나와 있었습니다. 고름을 닦아낸 그는 방안을 한 바퀴 돌아보았고, 묘하게도 그토록 아프고 저렸던 다리가 멀쩡하게 나아 있었습니다.

'내 다리가 낫다니! 의학을 전공한 나의 상식으로는 도저히 믿어지지가 않는 일이다. 인간의 의술이란 대의왕(大醫王)이신 불보살의 능력에 비한다면 태양 앞의 반딧불과 같은 것! 반딧불 같은 기술을 지닌 의사가 되어 무엇하랴. 정녕 출가하여 부처님의 제자가 됨이 옳으리라.'

이렇게 생각한 그는 동산스님의 제자가 되어 '화엄'이라는 법명을 받았고, 그가 처음 사미계를 받을 때 내가 인계승(引戒僧) 노릇을 한 인연으로 그와는 꾸준히 친분을 가지게 되었습니다.

불교에는 대의왕이신 불보살들이 가득합니다. 그분들은 어떠한 병이라도 능히 고칠 수 있습니다. 그래서 우리가 지극한 마음으로 기도하면 감응이 있기 마련인 것입니다.

그런데 누가 그 열쇠를 쥐고 있는가? 바로 우리가 쥐고 있습니다. 바로 우리가 어떻게 하느냐에 달려 있는 것입니다. 부디 마음을 모아 기도해 보십시오. 틀림없이 불보살의 밝은 자비가 우리와 함께 하게 될 것입니다.

위암에 걸린 무량심 보살

대구에 살았던 무량심(無量心) 보살은 일찍이 남편과 사별(死別)을 하고 외동딸을 키우며 살았습니다. 딸이 영남대학교를 졸업하고 독립하여 미용사가 되었을 무렵, 그녀는 위암에 걸렸습니다. 그것도 병원을 찾았을 때는 위암 3기에 접어들어 2개월밖에 살지 못한다는 것이었습니다.

2개월의 시한부 생명······. 무량심 보살은 그날부터 내가 있는 지족암으로 와서 부처님께 기도하고 참선을 하였습니다. 그녀는 죽음을 자연스러운 일인양 너무나 천연스럽게 받아들였고, 한 생각을 쉰 사람처럼 담담하게 생활했습니다.

그러던 어느 날, 부처님 전에 앉아 깜빡 졸았는데, 흰 가운을 입은 의사가 법당 안으로 들어오더니 바닥에 누우라고 했습니다. 시키는 대로 하자 순간적으로 자신의 배를 가르고 위장에 붙은 혹들을 도려냈습니다. 그리고는 배 위에 손을 얹자

갈라진 배가 원래처럼 붙어 버리는 것이었습니다. 수술시간은 불과 10초도 걸리지 않은 듯했습니다.

무량심 보살은 너무나 상쾌함을 느끼며 깨어났고, 그뒤 10여 년 동안 아무 탈없이 살다가 죽었습니다.

내친 김에 조금 더 무량심 보살 이야기를 하겠습니다. 그녀는 살아 생전 나를 찾아오면 늘 "내생에는 스님이 되고 싶다."고 말했습니다. 그런데 그녀가 죽고 얼마 지나지 않아 언니의 딸이 꿈을 꾸었습니다. 그 질녀가 차를 타고 대구 시내의 명덕 로타리를 지나는데, 이모인 무량심 보살이 깨끗한 옷을 입고 서 있는 것이었습니다.

"이모님, 왜 여기에 계십니까?"

"글쎄 말이다. 어디로 가기는 가야겠는데 탈 차가 마땅치 않구나."

"어서 제 차를 타세요. 제가 모시겠습니다."

이렇게 이모를 모시고 집으로 돌아오는 꿈을 꾼 직후 그녀는 임신을 하였고 딸을 낳았습니다. 그 딸은 이모인 무량심 보살과 너무나 닮아 있었습니다.

사실 무량심 보살이 꿈속에서 '탈 차가 마땅치 않다'고 한 그 차는 딸을 가리킨 것이었습니다. 왜냐하면 그녀의 딸 선도행은 자궁에 이상이 있어 아기를 가질 수 없었기 때문입니다. 곧 무량심 보살은 외동딸 선도행의 아기로 태어나고 싶었지만 딸의 신체적 이상 때문에 그 차를 탈 수가 없었던 것입니다.

그러한 때문인지 새로 태어난 아기는 이모인 선도행만 가면

막 울다가도 기어가서 안기며 좋아했고, 달려들어 갖은 재롱을 피우곤 하였습니다. 현재 그 아기는 세 살 정도 되었고, 지금도 선도행을 부모보다도 더 따른다고 합니다.

무량심 보살의 이야기는 기도의 영험과 윤회의 실체를 우리에게 함께 보여 주고 있습니다. 만일 그 아기가 자라 출가한다면 무량심 보살이 스스로 부처님 앞에서 세운 원(願)과 같이 한평생 도를 잘 닦으며 살아가게 될 것입니다.

다기 물을 받아 마시고

약 10여 년 전의 이야기입니다. 서울 미아리에는 40대의 보살이 살고 있었습니다. 그녀는 전생에 닦은 복이 많아서인지 어려서부터 유복하게 자랐고, 돈도 잘 벌고 가정도 잘 돌보는 남편을 만났으며, 아이들도 착실하고 공부를 잘하여 근심 없이 살았습니다.

그런데 어느 날 갑자기 입 안이 허는 병이 생겼습니다. 한두 군데가 아니고 온 입 안이 헐어서 음식은커녕 물조차 먹기 힘든 지경에 이르렀습니다. 병원에서 치료를 받아도 차도가 없고, 한의원을 찾아가니 "입 안이 허는 병은 위장에서 온다."고 하며 위장약을 지어 주었으나 역시 효험이 없었습니다.

설상가상이라더니, 마침내는 혀를 움직일 때마다 입 안이 아파 말조차 제대로 할 수 없게 되고 말았습니다.

날이 갈수록 그녀는 여위어만 갔고, 말조차 제대로 할 수 없으니 신경만 날카로워지게 되었습니다. 남편의 자상한 보살핌, 아이들의 재롱도 귀찮게 느껴질 뿐 아니라, 죽음의 그림자가 그녀를 덮고 있는 것 같아 견딜 수가 없었던 것입니다.

마침내 그녀는 집 가까이에 있는 절을 찾아갔습니다. 부처님께 절을 하면서 살려 달라고 매달리고 싶었으나, 엎드리면 이빨이 다 쏟아지는 것 같아 절도 할 수 없었습니다. 입 안이 퉁퉁 붓고 헐어서 부처님 명호를 부를 수도 없었습니다.

하는 수 없이 그녀는 가만히 앉아 부처님을 쳐다보면서 속으로 빌었습니다.

"대자대비하신 부처님! 제 입병 좀 낫게 해주십시오."

온종일 부처님만 쳐다보면서 이렇게 한마음으로 빌다가 집으로 돌아왔습니다. 그렇게 하기를 며칠, 그녀는 꿈을 꾸었습니다.

그녀가 열심히 부처님을 바라보며 기도하고 있는데, 부처님께서 갑자기 자리에서 일어나 불단을 내려오시는 것이었습니다. 그리고는 다기(茶器)에 담겨 있던 물을 찻잔에 가득 따라주셨습니다. 엉겁결에 그것을 받아 마시려는데 부처님께서 주의를 주셨습니다.

"그냥 삼키지 말고 입 안에서 우물우물하다 넘겨라."

그녀는 시키는 대로 하고 꿈에서 깨어났는데, 거짓말처럼 입병이 말끔히 완치되었습니다. 매운 음식, 짠 음식, 그 어떠한 것을 먹어도 입 안이 아프지 않았던 것입니다.

'세상에 어찌 이토록 신기한 일이 있단 말인가?'

그녀는 감격하여 불교신문에 이 사실을 투고했습니다. 글솜씨는 서툴지만 불자들에게 부처님의 불가사의한 가피력을 알리고자 투고하였던 것입니다.

이 이야기에서처럼 다급한 일을 당한 불자라면 불보살의 가피를 입을 때까지 일심으로 기도할 줄 알아야 합니다. 꼭 소리를 내어 염불을 해야만 기도가 되는 것은 아닙니다. '생각 念'자 염불(念佛). 꼭 입으로 부르지 않더라도 마음속으로 부처님을 열심히 생각하면 그것이 참된 염불이요, 생각하고 매달리는 마음이 간절하면 부처님과 하나가 되어 저절로 가피를 입게 되는 것입니다. 또 한 가지 이와 비슷한 이야기를 하겠습니다.

악성빈혈에서 벗어난 제주도 노보살

기도성취의 비결은 '간절 절(切)', 이 한 글자에 있습니다. 왜냐하면 이 '간절 切'이야말로 삼매(三昧)와 곧바로 통하게 되어 있기 때문입니다. 만약 우리가 간절히 기도하여 잠깐이라도 삼매를 이루게 되면, 불보살의 가피가 저절로 찾아 들게 됩니다.

나에게 자주 찾아오는 제주도의 노보살은 나이가 70을 넘어선 분으로, 일평생 악성빈혈에 시달리며 살았습니다. 서 있다가 앉으려 해도 어지럽고, 앉았다가 일어서려 해도 어지럽고, 길을 걷다가도 갑자기 앞이 깜깜해져 무엇이라도 붙잡지 않으면 쓰러질 지경이었습니다.

몇 년 전 이 보살이 나를 찾아와 자기의 병을 하소연했을 때, 며칠 동안 지족암에 머물면서 기도할 것을 권했습니다.

"보살님은 어지럼증이 심하니 절을 하면서 기도하기가 쉽지 않을 것입니다. 그러니 부처님 전에 편안히 앉아 부처님의 명호를 부르십시오. 그리고 마음으로는 '부처님, 제 병이 낫게 해주십시오.' 하고 기원하십시오. 다만 간절히, 간절한 마음으로만 기도하십시오."

그날부터 노보살은 법당에 편안히 앉아 부처님을 우러러보며 기도했습니다. 공양시간이 되면 밥을 먹고 피로하면 잠시 눈을 붙였다가 다시 시작하고……. 이렇게 하기를 3일 하였는데, 비몽사몽간에 중년부인 한 사람이 곁으로 다가오더니 차를 한잔 권하는 것이었습니다.

"보살님, 몸도 고단하실텐데 차라도 한잔 드세요."

노보살은 누가 차를 주는지 정확히 보지도 못한 채 엉겁결에 차를 받아 마셨습니다. 입 속으로 흘러 들어간 차는 그렇게 달콤할 수가 없었습니다. 그리고 차가 목구멍으로 넘어가는 것이 아니라 차의 기운이 온몸 구석구석으로 번져가는 것 같았습니다.

'이토록 달콤하고 상쾌한 차가 있다니! 이 차야말로 감로차(甘露茶)로구나!'

이렇게 생각하며 꿈에서 깨어났는데, 그토록 지긋지긋하게 자신을 괴롭혔던 악성빈혈이 말끔히 사라졌다는 것입니다. 크게 감격한 노보살은 나에게 말했습니다.

"스님, 이토록 신기한 일이 또 어디 있겠습니까? 제가 별로 힘들게 기도한 것도 아닌데……. 다음에는 차 한잔이 아니라 한 양동이 받아 마실 수 있도록 열심히 기도하겠습니다."

농약을 먹고 죽고자 했던 처사

경북 영천에 과수원을 경영하는 50대 초반의 처사 한 분이 살고 있었습니다.

지금부터 수년 전, 그 처사는 갑자기 허리에 심한 통증을 느끼며, 굴신조차 할 수 없는 병에 걸리고 말았습니다. 처사는 들것에 실려 이 병원 저 병원을 전전하며 치료를 받았고, 용하다는 한의사를 찾아다니며 침도 맞고 한약도 달여 먹었지만 전혀 효험이 없었습니다.

사태가 이 지경에 이르렀을 때 비구니 스님이 된 처사의 여동생이 찾아왔고, 여동생은 관세음보살 기도를 할 것을 청했습니다.

"오라버니, 관세음보살을 지성껏 부르면 죽을 병도 능히 고칩니다. 그까짓 허리병 하나 못 고치겠습니까? 누워서 특별히 할 일도 없을 것이니, '노는 입에 염불한다'고 부지런히 관세음보살을 외우십시오."

　얼마 동안 처사는 동생이 시키는 대로 관세음보살을 외웠습니다. 그러나 깊은 믿음이 없었던 그는 열심히 외우지도 않았을 뿐 아니라, '영영 불구자가 되고 마는 것은 아닌가' 하는 생각과 함께 염불 자체에 대한 회의에 빠져 버렸습니다.
　'관세음보살을 외운다고 어찌 허리병이 나을까보냐? 나도 참 바보지. 일은커녕 걷지도 못하고 방구석에만 누워 있어야 하는 이내 신세……. 아, 차라리 콱 죽어 버리자.'
　그는 가족들에게 고래고래 소리를 질렀습니다.
　"일도 못하고 사느니 차라리 죽어 버리는 것이 낫다. 먹고 죽어 버리게 농약 가져오너라. 빨리 가져와!"
　하루에도 몇 차례씩 가족들을 향해 '농약 먹고 죽어 버리겠다'고 소리치자, 견디다 못한 가족들은 다시 동생 비구니 스님을 청했습니다.
　"오라버니, 다시 한번 마음을 가다듬고 간절한 마음으로 관세음보살을 불러 보세요. 틀림없이 허리가 나아 다시 일을 할 수 있게 될 것입니다."
　"병원에서도 치료하지 못하는 병을 있는지 없는지도 모르는 관세음보살이 어떻게 고쳐? 여러 소리 말고 농약이나 가져와! 콱 죽어 버리게."
　"그렇게도 농약 먹고 발광하다 죽고 싶소?"
　"그래, 이제 사는 것도 지겹다. 빨리 농약이나 가져오너라."
　헛간으로 뛰어간 동생 비구니 스님은 농약 한 바가지를 푹

퍼 가지고 와서 오라버니의 입 앞에 갖다 대며 소리쳤습니다.
"자, 입을 벌려요. 내가 부어 넣어 줄테니까."
"……."
"뭘 망설여요? '아' 하라는데……."
처사는 여동생의 당돌한 행동에 깜짝 놀라 입을 굳게 다물며 고개를 옆으로 돌렸습니다.
"농약을 먹지 않으려거든 지금부터 관세음보살을 부지런히 외우세요. 부지런히 외워 꿈속에서도 관세음보살을 외우게 되면, 묘한 약이 생기기도 하고 용한 의사를 만나 병이 금방 낫게 될 것입니다."
여동생의 말을 묵묵히 듣고 있던 처사는 그 순간부터 마음속으로 관세음보살을 불렀습니다. 소리내어 관세음보살을 찾기가 쑥스러워 마음속으로 관세음보살을 염하였던 것입니다. 그렇게 하기를 7일째 되던 날 저녁, 처사는 문득 꿈을 꾸었습니다.
처사가 사는 동네에 의사 한 명과 세 명의 간호사가 갑자기 찾아와서, '악성 전염병이 돌고 있으니 모두 예방주사를 맞아야 한다'며 동네 사람 모두를 불러 모으기 시작했습니다. 처사가 동네 사람들과 함께 의사 앞으로 가자, 의사는 다른 사람은 거들떠보지도 않고 처사를 끌어당겨 청진기로 진찰을 하는 것이었습니다.
"보통 예방주사로는 당신 병을 고칠 수가 없소. 저 침대 위에 누우시오."

처사가 침대 위에 눕기가 바쁘게 의사는 맥주병만한 큰 주사기를 가져와서 인정사정을 두지 않고 허리에 꽉 찔러 버렸습니다.

"아야!"

처사는 소리를 지르며 꿈에서 깨어났고, 꿈에서 깨어나서 보니 자신이 벌떡 일어나 앉아 있는 것이었습니다. 서서히 몸을 움직여 보았지만 불편한 곳이라고는 한 군데도 없었습니다. 몸을 뒤척이는 것조차 고통스럽게 만들었던 구제불능의 허리병이 완전히 나아 있었던 것입니다.

만약 이 처사가 조급증과 무기력 속에 잠겼을 때 영영 기도를 그만두었다면 어찌 관세음보살의 가피를 입을 수 있었겠습니까? 여동생 스님의 적절한 방편으로 처사는 관세음보살을 찾는 기도를 마음속으로라도 할 수 있었고, '차라리 죽는 것이 낫겠다'고 생각한 허리병이 완쾌된 것입니다.

그러므로 기도를 하는 사람은 모름지기 자신을 나약하게 만드는 수많은 생각들을 잘 단속하여야 합니다. 오히려 잡생각이 일어날 때일수록 마음을 굳게 다져 열심히 기도를 해야 합니다. '나를 속일 불보살은 없다'는 확실한 믿음을 가지고 더욱 부지런히 기도하면 틀림없이 영험은 나의 것이 되기 마련인 것입니다.

문수동자가 준 산삼을 먹고

이제 외국 이야기를 한 편 하겠습니다.

중국 오나라의 왕자 부(溥)는 왕 양륭인(楊隆演)의 외동아들로서 장차 한 나라를 물려받아야 할 몸이었습니다. 왕자는 타고난 총명으로 왕도(王道)를 익히며 건강하게 자랐으나, 나이 스물이 갓 넘자 이름조차 알 수 없는 이상한 병에 걸리고 말았습니다. 곧 고열에 사지가 뒤틀리면서 뼈마디가 녹아내리는 듯한 병에 걸리고 만 것입니다. 한번 발병하면 10일 이상 계속되는 이상한 병이었을 뿐 아니라, 그 빈도도 해가 갈수록 잦아졌습니다.

왕은 왕자의 병을 치료하기 위해 그 넓은 중국 천하의 용하다는 의사들을 모두 불러 모았지만, 치료는 고사하고 병명조차도 제대로 밝히지 못했습니다.

왕자는 살아 있는 것 자체가 괴로웠습니다. 호사스런 궁중

생활도 더 높은 권세도, 꽃다운 아내와 궁녀들의 시중도 귀찮게만 느껴졌습니다. 병고(病苦)와 짜증 속의 나날을 보내면서 왕자는 자기의 신세를 한탄했습니다.

"내 무슨 전생의 복분(福分)으로 왕자로 태어났으며, 내 무슨 죄업으로 이런 고통을 받으며 살아야 하는가?"

그러던 어느 날, 내시 유겸지(劉謙之)가 가져온 불경을 뒤적이다가 차츰 불법에 심취하게 되었고, 마침내 자기의 불치병과 신세에 대해 원망하지 않는 상태에까지 이르렀습니다. 그리고 《화엄경》을 읽다가 문수보살의 지혜와 신통에 크게 감탄하여 '문수보살의 친견'을 은근히 생각하고 있었습니다. 왕자는 스님들과 대화를 나누다가 문수보살을 친견할 수 있는 방법을 물었습니다.

"예로부터 오대산(五臺山)은 1만 문수보살님이 머물러 계신 영산(靈山)으로 알려져 있습니다. 왕자님께서 거기로 가셔서 지극정성으로 기도하시면 1만 분 중 한 분의 문수보살은 틀림없이 친견하실 수 있을 것입니다."

왕자가 환희하여 오대산으로 떠나려 하였으나, 아내를 비롯한 궁중 사람들은 말리고 또 말렸습니다.

"성치 않은 몸으로 그 먼 곳으로 가시는 것부터가 불가하옵니다. 절대로 가셔서는 아니되옵니다."

"사람의 목숨은 하늘에 달려 있는 것. 오대산으로 가다가 죽으면 하늘이 나를 거두어 가는 것이요, 오대산에 이르러 성인을 친견하고 죽는다면 그보다 더 행복한 일이 어디 있겠느냐?"

왕자는 고집을 부려 내시 유겸지와 함께 왕궁을 떠났고, 마침내 오대산에 도착하고 보니 마치 고향에 돌아온 듯 한없이 마음이 평화로워졌습니다. 아침저녁으로 예불하고 염불하고 법문을 듣고……. 그리고 하루 네 차례씩 기도하며 왕자는 기원했습니다.

"문수보살님, 이 박복한 중생이 보살님을 친견하기 위해 머나먼 길을 찾아왔습니다. 이 몸, 죽기 전에 단 한번만이라도 보살님의 참모습을 보고 가게 해주십시오."

이렇게 한 달 남짓한 시간이 흘렀을 때, 문수보살상 앞에 꿇어 엎드린 왕자의 눈에서는 뜨거운 눈물이 끊임없이 흘러내렸습니다.

"아, 문수보살님!"

왕자는 기도 끝에 뒷산으로 올라갔다가 큰 나무 밑에서 쉬고 있는 소년을 만났습니다. 소년은 10세 가량 되어 보였고, 큰 망태기를 들고 있었습니다.

"너는 어디 사는 누구냐?"

"저는 이 오대산에서 살고 있는 만수사리(曼殊舍利)입니다."

"무엇을 하러 다니느냐?"

"약초를 캐러 다닙니다."

"주로 어떤 약초를 캐느냐?"

"산삼도 캐고 백복령도 캡니다."

"산삼? 산삼을 캐기가 10년 공부하여 도를 통하는 것보다도 더 어렵다는데, 자주 발견되느냐?"
 "예. 이 오대산은 다른 곳과 달라서 산삼을 캐기가 도라지나 더덕 캐기보다 더 쉽습니다."
 "정말이냐?"
 "예."
 "그럼 그 망태기 속에도 산삼이 들어 있겠구나. 한번 보여 줄 수 있겠느냐?"
 "예."
 소년은 대답과 함께 망태기를 열어 보였고, 과연 그 속에는 팔뚝 크기만한 산삼이 여러 개 들어 있었습니다.
 "처사님, 드시고 싶으면 아무거나 한 개 골라 잡수세요."
 "이 귀한 산삼을 돈도 안주고 먹어? 저 아래 절로 함께 내려가자. 네가 요구하는 대로 값을 준 다음 먹도록 하자꾸나."
 "돈은 천천히 받아도 되니 먼저 잡수시기나 하세요. 산삼은 산에서 먹는 것이 좋습니다."
 "그래? 그렇다면 한 개 먹어 볼까? 그런데 어느 것을 먹어야 할지 나는 잘 모르겠구나. 네가 하나 골라 주렴."
 "이것이 좋습니다."
 소년은 망태기를 한번 휘젓더니 마치 사람의 형상과 비슷하게 생긴 산삼 한 뿌리를 집어 권하는 것이었습니다. 색깔이 누르스름하고 향기가 진동하는 동자삼(童子蔘)을 대하자 왕자는 입 안 가득 침이 고였고, 정신없이 쿡쿡 씹어 꿀꺽 삼켰습니다. 그리고 소년과 함께 절로 내려왔는데, 절 문에 이르렀을 때 소년은 흔적도 없이 사라져 버린 것입니다.

"만수사리야, 만수사리야 — ."

목이 터져라 불러 보았지만 소년은 나타나지 않았고, 대신 절 안의 스님들이 뛰쳐나와 이상한 듯이 물었습니다.

"만수사리라니? 왕자님, 지금 누구를 찾으시는 것입니까?"

왕자가 소년과의 사이에서 있었던 일을 소상히 말하자, 스님은 합장배례하며 말했습니다.

"왕자님! 그 소년은 사람이 아니라 문수보살님이요, 만수사리는 문수사리의 다른 이름입니다. 이제 왕자님께서는 문수보살님을 친견하고 또 성약(聖藥)을 얻어 잡수셨으니, 묵은 병이 구름 걷히듯 사라질 것입니다."

왕자는 무릎을 치며 크게 안타까워했습니다.

"내 어찌 이토록 어리석은가? 문수보살님을 친견하고도 보살님인 줄 깨닫지 못하고 은혜만 입었으니……."

자신의 무능을 탓하며 방으로 들어간 왕자는 곧바로 잠에 빠져 들었습니다. 산삼의 기운에 취해 하루 반 동안 죽은 듯이 잔 다음 깨어났습니다.

이렇게 문수보살의 가피를 입어 건강한 몸을 회복한 왕자는 궁중으로 돌아와 왕위를 계승하고, 부처님의 가르침에 입각한 인왕(仁王)의 정치를 행하였다고 합니다.

수염이 난 고자대감

앞의 이야기에서 왕자를 정성껏 모셨던 내시 유겸지 또한 기도를 통하여 문수보살의 가피를 입은 사람입니다.

유겸지는 왕자의 병환이 나아 왕궁으로 돌아옴과 동시에 지난날의 고생을 인정받아 내시감이라는 높은 벼슬과 함께 많은 재물을 하사받았습니다. 그러나 높은 벼슬에 부귀가 더해갈수록 그의 마음에는 부모에 대한 원망스러움이 커지는 것이었습니다. 특히 아내의 가시 돋친 말은 그의 폐부를 찔렀습니다.

"자기들이 잘살기 위해 멀쩡한 자식을 고자로 만들어 내시에게 양자로 보낸 당신 부모나, 딸자식을 병신에게 준 나의 부모! 모두가 천벌을 받아야 마땅해요."

아내의 짜증은 이 정도에서 그치지 않았습니다.

"날아다니는 새들도 밤이 되면 잠자리에서 사랑을 속삭이고, 웅덩이의 송사리도 새끼를 치느라 세월을 잊고 사는데 우리는 무엇입니까? 멀쩡한 겉모습에 남의 존경을 받고 살면서도 부부의 정은 식은 재맛 같으니……. 차라리 함께 죽어 다음 생이나 기약합시다."

한숨 짓는 아내의 말을 들을 때마다 아랫도리가 더욱 움츠러드는 것 같아 견딜 수가 없었고 세상 살 맛이 나지를 않았습니다. 그는 생각다 못해 왕자를 찾아가서 하소연하고 허락을 청했습니다.

"왕자님, 지금의 저는 죽어 내세를 기약하고 싶은 마음뿐입니다. 하오나 부처님께서 '주어진 업을 억지로 회피하려 하면 더 큰 업만이 쌓인다.'고 하셨으니, 지금 제가 죽는다 한들 어찌 내생의 올바른 삶을 기약할 수 있겠습니까? 그리하와 저도 왕자님처럼 오대산에 들어가 마지막 기도나 한번 드려 볼까 하옵니다. 부디 허락하여 주시옵소서."

"알았소, 유내관. 불보살님의 신통은 통하지 않는 곳이 없으니 하루빨리 오대산으로 가서 정성을 다하시오. 나처럼 불보살의 큰 은혜를 입을 수 있을 것이오."

유겸지는 곧바로 오대산으로 가서 1천일을 작정하고 사찰의 스님과 함께 기도를 시작했습니다. 그런데 1천일이 얼마 남지 않은 어느 날, 문득 신심이 복받쳐 오르는 것이었습니다.

'숙세의 큰 죄업으로 병신이 된 내가 하루 몇 시간씩 스님들의 염불에 의지하여 불보살의 가피가 내려지기를 바라고 있었던가? 아니다. 나의 진정한 신심을 보이자.'

그날부터 물 외에는 일체의 음식을 먹지 않고 삼칠일(21일)

동안 끊임없이 '문수대성'을 부르며 지성을 다해 기도했습니다. 마침내 21일이 지나 세수를 하기 위해 절 옆 개울로 나가 허리를 굽혔던 그는 깜짝 놀라 일어섰습니다. 턱 밑으로 까끌까끌한 수염이 자라 있었기 때문입니다.

"참으로 이상하다. 고자인 나에게 수염이 나다니······."

그는 곧 절로 달려가 주지스님을 불렀습니다.

"스님, 주지스님!"

"아니, 유내관. 음성이 어찌 그렇게 굵어졌습니까?"

주지스님은 오히려 유내관보다 더 놀라면서 뛰어나왔습니다.

"스님, 제 턱에 수염이 났습니다. 수염이!"

"정말 그렇군요. 진정 문수대성의 가피를 입었음이 틀림없는 듯합니다. 빨리 아래쪽도 확인해 보세요."

가만히 아랫도리를 만져 보던 유겸지는 정말 믿어지지 않는 현실을 접하고 눈물을 주르르 흘렸습니다. 감자씨 같은 것이 그것 밑에 달려 있었기 때문입니다.

"감사합니다. 부처님, 문수대성님. 이제 저도 사람 노릇을 할 수 있게 되었습니다."

이로부터 몇 년 후, 유내관은 두 아들과 딸 하나를 낳아 평생의 소원을 풀게 되었고, 불보살의 은혜에 보답하기 위하여 《화엄경소 華嚴經疏》 60권을 정성껏 필사한 다음 경판에 새겨 세상에 유포하였습니다.

세상에는 예상 밖의 불행이 많습니다. 특히 뜻하지 않은 불치병이 찾아 들어 죽음 앞에 서게 되면 일순간에 이 세상이 암흑으로 뒤덮이고 맙니다. 그러나 그 암흑은 우리의 업(業)이 만들어낸 것일 뿐이며, 그 업을 만들어낸 것이 있으면 그 업을 푸는 방법도 있는 것입니다. 그 방법이 바로 기도 등의 수행법입니다. 기도를 통하여 삼매 속에 빠져 들면 불생불멸(不生不滅) 불구부정(不垢不淨)의 불보살과 하나가 되어 모든 업이 녹아 내리게 되는 것입니다.

그러므로 업병과 불치병에 시달린다 하여 암흑 속에서 살지 마십시오. 절대로 스스로를 방치하지 마십시오. 지금 바로 이 자리에서 진정 마지막 각오로 불보살님께 매달려 기도하십시오. 몸도 마음도 함께 해탈을 얻게 될 것입니다.

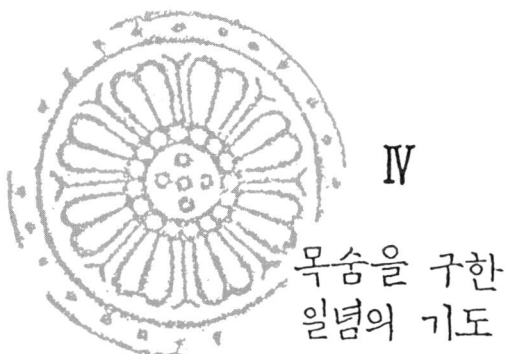

IV
목숨을 구한 일념의 기도

대신 칼을 받은 돌부처님

법당을 세워 맨땅 위에 아무렇게나 방치되어 있는 돌부처님 세 분을 모시고 기도한 공덕으로, 죽을 목숨을 잇고 나라의 큰일까지 성사시킨 영험담이 있습니다. 이 이야기는 조선 초기의 정승 조반이 겪었던 이야기로, 이태조가 명나라 태조 주원장으로부터 개국(開國) 국호를 재가받기 위해 그를 사신으로 보냈을 때 있었던 일입니다.

태조 이성계는 원래 공민왕의 신하로 북벌(北伐)의 공을 세운 장군이었으나, 국세가 약한 틈을 타서 공민왕을 폐위시켰고 우왕・창왕・공양왕 등을 옹립하였다가 곧 폐위시킨 다음 새로운 나라를 세웠습니다. 고려로 보면 그는 역신배장(逆臣背將)이며, 조선으로 보면 건국 태조인 것입니다.

새로운 나라 이름을 고려로 답습할 수 없었던 그는, 고향인

함흥의 함(咸)자와 강녕의 녕(寧)자를 딴 '함녕국(咸寧國)'과 고조선의 맥을 잇겠다는 의지를 담은 '조선(朝鮮)'을 지어 택일하기로 하였습니다.

그러나 고려 중기 이후 중국의 영향권 아래 있었던 우리나라였으므로 국호를 마음대로 정할 수 없었습니다. 그는 명나라 태조로부터 함녕국 또는 조선이라는 명호를 재가받기 위해 건국 초부터 많은 사신을 중국에 보냈으나, 배신 역적 이성계를 모시는 신하라는 이유 때문에 모두 돌아오지 못하고 죽었습니다.

그후 공신들은 중국에 가기를 서로 꺼려하였습니다. 생각다 못한 이태조는 중국을 수차례 내왕하여 명태조와 친숙한 관계를 맺고 있었던 정승 조반을 보내기로 하였습니다.

조반은 내심 매우 난처하였으나 왕명인지라 하는 수 없이 떠나야 했습니다. 불교를 믿었던 조정승의 가족들은 그전부터 다니던 절에 올라가 무사히 돌아올 수 있기를 기도하였고, 조정승도 자신이 즐겨 읽는 ≪관음경≫, ≪금강경≫ 등의 경전을 읽으며 일이 성취되기를 발원하였습니다.

개경을 떠난 일행은 황해도 시흥의 어느 주막집에서 죽음이 보장되어 있는 여행길의 첫 밤을 착잡한 심정으로 지새웠습니다. 그런데 비몽사몽간에 고깔을 쓰고 가사 장삼을 입은 세 사람의 사미승이 조정승 앞에 나타났습니다.

"대감, 너무 상심하지 마십시오. 그렇게 초조한 마음을 가지고는 대사(大事)를 이루기 어렵습니다. 마음을 굳게 잡수시고 신표(信標)를 청하십시오."

"신표라니? 무슨 좋은 방도라도 있는가?"

"예, 방도가 있습니다. 이 집 뒤편의 골짜기로 5리쯤 올라가면 큰 절터가 있는데, 그곳에는 한 길이 넘는 세 분의 돌부처님이 풍우를 가리지 못한 채 서 계십니다. 대감이 절을 지어 부처님께 공양하면 반드시 대사를 이룰 수 있을 것입니다."

"그러나 어명을 받고 한시라도 빨리 명나라 태조를 만나야 할 내가 언제 절을 지어 부처님을 모신다는 말씀인가?"

"그것도 길이 있습니다. 황해도 감사에게 부탁만 하면 될 것이 아닙니까?"

그러나 조정승은 이제 중국에 도착하면 곧 죽을 것이 틀림없는데 절을 짓는다고 하여 무슨 소용이 있을까 생각하면서 다시 잠에 빠져 들었습니다. 그러자 그 사미승은 두번 세번 거듭 나타나 부처님을 모실 것을 일렀습니다. 너무나도 분명하고 역력한 꿈이 거듭되는지라, 잠에서 깨어난 조정승은 정신을 가다듬고 집주인을 불러 물었습니다.

"이곳으로부터 5리쯤 떨어진 곳에 옛 절터가 있는가?"

"예, 세 분의 돌부처가 반쯤 흙에 묻힌 채 크게 풍상을 겪는 폐사가 있습니다."

조정승 일행은 이른 아침 그 절터로 올라갔습니다. 과연 쓰러진 절터 위에 세 분의 부처님이 가련하게 서 있었습니다. 조정승은 가람을 짓도록 황해도 감사에게 부탁하고, 부처님께 이 일을 도와 달라고 간절히 발원한 다음 중국으로 떠났습니다. 중국에 도착하여 명나라 황제를 배알한 조정승 일행은 태조의 뜻을 전하고 국호를 결정해 줄 것을 간청했습니다. 하지만 황제는 여전히 노발대발했습니다.

"이신벌군(以臣伐君)한 역적이 국토를 도둑질하고, 다시 국호를 정해 허락을 청하다니! 어찌 하늘이 무심할 수 있느냐! 저놈을 참형에 처하라."

조정승은 형장으로 끌려갔습니다.

"무슨 할 말이 있는가?"

"물 한 그릇과 배석자리 하나만 갖다 주오."

물이 상 위에 올려지고 배석자리가 깔리자 조정승은 단정히 무릎을 꿇고 먼저 국왕이 계신 곳을 향해 절했습니다. 그리고 이어 부모에게 절을 하고 마지막으로 황해도 시흥 산중의 세 부처님께 정례하였습니다.

"필히 대사를 성사하여 부처님의 가람이 이룩된 것을 친견하고 공양코자 하였으나, 일을 달성하지 못하고 이대로 죽게 되었습니다. 약속을 이행치 못함을 용서해 주십시오."

곧이어 망나니가 칼을 들고 날뛰더니 칼로 조정승을 내리쳤습니다. 그런데 어찌된 일인지 조정승의 목은 베어지지 않고 천룡도가 두 동강이 나는 것이었습니다. 이어서 두번 세번 내리쳐도 마찬가지였으므로, 이상히 여긴 형 집행관이 명태조에게 이 사실을 알렸습니다. 이야기를 들은 명태조는 크게 놀라며 말하였습니다.

"하늘의 뜻을 알지 못하고 벌을 주어 미안하오. 이제 그대에게 비단 5백 필과 1천 냥을 내리고, 또 국호를 조선이라 재가 하노라."

이 말을 듣고 조정승은 감격의 눈물을 흘렸습니다. 본국으로 돌아오던 중 황해도 시흥에 이르자, 많은 사람들이 그 부처님이 계신 산을 향해 올라가고 있었습니다. 그날이 바로 조정승이 부탁한 절의 낙성식이었던 것입니다. 함께 참례하고자 법당에 들어가 절을 하려던 조정승은 깜짝 놀랐습니다. 부처님의 목에 칼자국이 나 있고 피가 맺혀 있었기 때문입니다. 조정승은 그 연유를 물었습니다.

"저희도 알 수 없는 일입니다. 지난 3일 미시(未時 : 오후 3시)에 부처님을 이곳으로 모셨는데, 이상스레 칼소리가 나기에 쳐다보니 이 부처님의 목에 칼자국이 생겨 나면서 피가 흘렀습니다."

"다른 부처님도 마찬가지인가?"

"예, 마찬가지입니다. 단지 시간의 차이만 조금 있었을 뿐입니다."

"참으로 신통한 일이로다. 내가 바로 그날 그 시간에 교수대에서 칼을 받았다."

조정승은 그 길로 왕궁에 돌아와 이성계를 뵙고 이 사실을 아뢰니, 태조 역시 감격하여 크게 상을 내리고 절 이름을 속명사(續命寺 : 명을 이은 절)라 지어 현판까지 써 주었습니다.

연꽃이 된 관세음보살

　소 중에서도 특이하게 우황(牛黃)을 지닌 소가 있듯이, 사람 중에서도 특이하게 인황(人黃)이라는 것을 지닌 이가 있습니다. 이 인황은 우황보다 더 약효가 뛰어나서 불치병을 치료하는 효험이 있다고 합니다.
　지금부터 수백 년 전, 남쪽나라 월남국의 왕은 인황을 먹어야만 살 수 있는 불치병에 걸리고 말았습니다. 그러나 인황은 쉽게 구할 수 있는 것이 아니었습니다. 왕은 월남의 오지에까지 사람들을 파견하여 인황을 찾고자 하였지만, 인황을 가진 사람은 발견되지 않았습니다.
　마침내 왕은 곡마단을 조직하여 각국을 돌면서 인황이 있는 자를 찾아 잡아오도록 하였습니다. 중국·일본 등을 별 성과 없이 유람한 월남의 곡마단들이 우리나라 남해안에 이르렀을 때, 동래부사의 몸 속에 그토록 귀한 인황이 들어 있다는 것을 소문으로 알게 되었습니다.

곡마단원들은 한동안 동래에서 놀라운 묘기를 부리다가, 어느 날 진수성찬을 마련하여 동래 부사를 초청하였습니다. 아무것도 모르는 동래 부사는 기쁘게 초대에 응하여 맛있는 음식을 먹으며 멋진 묘기를 감상하였습니다. 그리고 예쁜 여인들이 권하는 술을 넙죽넙죽 받아먹다가 많이 취하여 골아떨어졌습니다. 문득 속이 뒤틀리고 머리가 빠개지는 듯이 아파 눈을 뜨고 보니, 밖은 망경창파라 배가 육지를 떠난 지도 이미 오래였습니다.

"도대체 어디로 가는 것이오?"

그제서야 월남인들은 그를 납치한 까닭을 일러주었습니다. 뒤늦게 수만 리 타국으로 납치되어 가고 있다는 사실을 알게 된 동래 부사는 눈앞이 깜깜해졌습니다.

'타국의 왕을 위해 산 채로 내 배를 갈라야 하다니……. 안된다. 절대로 안된다.'

평소 집안에 관세음보살상을 모셔 놓고 즐겨 예배를 드렸던 그는 순간적으로 관세음보살의 모습이 떠올랐습니다.

"관세음보살님! 이렇듯 억울한 일이 또 어디에 있습니까? 제발 목숨을 구해 주시고, 고향으로 돌아갈 수 있도록 해주십시오."

동래 부사는 밤낮없이 관세음보살을 불렀습니다. 오직 살아야 한다는 일념으로 시간이 흐르는 것도 잊은 채 열심히 부르다가, 문득 바다로 눈길을 돌리니 큰 연꽃 한 송이가 떠 있는 것이었습니다.

그는 이것저것 가릴 것도 없이 바다에 뛰어내려 그 위에 올라탔습니다. 그리고 계속 관세음보살을 부르다가 정신을 차렸습니다. 그런데 이게 어찌된 일입니까?

그는 어느새 자신의 방으로 돌아와 있고, 자신의 방에 모셔두었던 관세음보살님의 몸은 바닷물에 흠뻑 젖어 있었습니다.

관음의 가피로 목숨을 건진 한용운 스님

승려요 독립운동가요 시인으로 널리 알려져 있는 만해(卍海) 한용운(韓龍雲, 1879~1944) 스님은 1905년 설악산 백담사로 출가하여 대부분의 시간을 관음기도처로 이름 높은 오세암(五歲庵)에서 보냈습니다. 스님은 이 오세암에서 불경을 공부하고 글을 쓰는 틈틈이, 관세음보살님께 열심히 기도했습니다.

1910년, 일본이 이 나라를 강제로 점령하고 국권을 찬탈하자, 망국의 울분을 참을 길 없었던 스님은 1911년 가을, 행장을 수습하여 표연히 만주로 떠났습니다. 스님은 만주 방방곡곡을 돌아다니며 그곳에 사는 우리 동포들을 만나 막막한 나라의 앞길을 의논하고 서로를 위로하고자 했습니다.

간도지방에 도착한 스님은 동포들을 만나 이역(異域)의 생활을 묻기도 하고 고국의 사정을 전하기도 하였으며, 그곳의 독립지사와 협력하여 동포를 보호할 방법과 독립운동의 방향 등을 의논하였습니다. 그리고 민족투사를 양성하는 의병학교를 순방하여 학생들에게 독립정신을 깨우쳐 주고 또 격려하였습니다.

그러던 그가 통화현(通化縣)에 갔을 때입니다. 그곳은 이상한 불안이 감격과 희망 속에 뒤범벅된 묘한 분위기에 싸여 있었습니다. 조밥으로 연명하면서도 밤이면 관솔불을 켜 놓고 천하 대사를 논의하는 한편, 화승총을 가지고 조련을 하였습니다. 그리고 본국에서 온 사람에 대해 처음에는 불안으로 감시했고, 그 다음에는 의심으로, 마침내는 목숨을 빼앗는 일까지도 서슴지 않았습니다.

더구나 어찌된 영문인지 한용운 스님도 그곳에서 정탐꾼의 혐의를 받게 되었습니다. 만주 통화현에서도 한참을 들어간 두메산골에서 자고 나오는데, 스님을 바래다 준다며 20세 전후의 한국 청년 3인이 따라 나서는 것이었습니다.

길은 차츰 산골로 접어들었고, 일행은 굴라재라는 고개를 넘게 되었습니다. 나무가 하늘을 찌를 듯이 우거져 대낮에도 하늘이 잘 보이지 않았고, 길이라고는 풀섶에 나무꾼들이 다니는 미로밖에 없었습니다.

바로 그때, 스님의 뒤를 따라오던 청년 한 명이 총을 쏘았습니다. 순간 귓전이 선뜩함을 느꼈고, 연이어 두번째 총소리가 나자 아픔이 느껴졌습니다. 그리고 또 한 방의 총성이 울려퍼졌습니다. 이때 스님은 그들을 돌아보며 잘못을 호령하고

자 목청껏 소리를 질렀으나, 성대가 끊어졌는지 혀가 굳어졌는지 전혀 소리가 나오지 않았습니다.

마음으로는 할 말을 다했는데 말소리를 낼 수가 없었던 것입니다. 동시에 피가 댓줄기처럼 뻗쳤고 격렬한 아픔이 전신을 휩쓸었습니다. 그러다가 심한 통증이 사라지면서 지극히 편안한 순간이 다가왔습니다.

'지금이 생(生)에서 사(死)로 넘어가는 순간이구나. 이제 죽는구나.'

이윽고 편안한 감각까지 사라지면서 스님은 완전히 혼절하여 죽음의 상태로 들어갔습니다. 그런데 평소에 행했던 신앙이 환체(幻體)가 되어 나타났습니다. 바로 관세음보살이 나타난 것입니다.

'아, 아름답구나, 기쁘구나.'

앞이 눈부시게 환해지면서 절세의 미인, 이 세상 어디에서도 볼 수 없는 어여쁜 여인이 섬섬옥수에 꽃을 쥐고 누워 있는 스님을 향해 미소를 던지는 것이었습니다.

'총을 맞고 누워 있는 사람에게 미소를 던지다니!'

순간 스님은 달콤하면서도 분한 감정에 휩싸였습니다. 그때 관세음보살께서 꽃을 던지며 말했습니다.

"네 생명이 경각에 있는데 어찌 이대로 가만히 있느냐?"

그 소리와 함께 정신을 차린 스님은 정신을 가다듬었습니다. 눈을 뜨고 주위를 살펴보니 날은 어두웠고 피는 도랑이 되어 흘렀으며, 총을 쏜 청년 가운데 한 명은 짐을 조사하고 다른 한 명은 확인 살인을 위해 큰 돌을 들고 스님을 내리치려고 했습니다.

　스님은 황급히 일어나 그 자리를 겨우 피하고, 피를 철철 흘리며 오던 길로 되돌아갔습니다. 핏자국을 보고 뒤쫓을 그들이 자신들의 마을 쪽으로 가면 안심하고 천천히 쫓아올 것으로 판단했기 때문입니다. 스님은 이렇게 한참을 가다가 다시 돌아서서, 어떻게 넘었는지도 모르게 산을 넘어 청(淸)나라 사람들이 사는 마을로 갔습니다.

　그곳의 마을 사람들은 마침 촌장(村長) 집에서 계(契)를 하고 있었는데, 피를 흘리며 들어오는 스님을 보고 지혈을 시켜 주었습니다. 그때 총을 쏜 청년들이 쫓아왔고, 스님은 그들을 향해 소리쳤습니다.

　"총을 쏠테면 쏘아라."

　그들은 어쩐 일인지 총을 쏘지 않고 달아났으며, 스님은 귀 뒤와 몸에 박힌 총알을 제거하는 큰 수술을 받아야 했습니다. 의사는 "매우 아플테니 마취를 해야 한다."고 하였지만, 스님은 굳이 마다하였습니다. 생뼈를 깎아내는 소리가 빠각빠각 나는 수술인데도 스님은 신음소리 한번 내지 않고 끝까지 견뎠습니다.

　"이 사람은 인간이 아니고 활불(活佛)이로다."

　치료를 다 마친 의사는 감탄하여 치료비도 제대로 받지 않았다고 합니다.

한용운 스님은 평소 관세음보살을 깊이 섬겼기 때문에 절대 절명의 순간에 이르러 큰 가피를 입었던 것입니다. 이후 스님은 불교개혁운동과 독립운동을 하면서 초인적인 모습을 많이 보여 주었습니다. 그것은 단순히 정신력의 힘이 아니라, 총을 맞은 그때 관세음보살의 가피 아래에서 생사를 초월한 힘을 얻었기 때문이었던 것입니다.

한용운 스님의 경우처럼 평소의 섬김이 위기를 구하고 업을 녹이는 근원적인 힘이 된다는 사실을 명심하고, 우리 모두 올바른 마음으로 더욱 열심히 기도해야 할 것입니다.

감옥에서 죽게 된 금오스님

　현대의 대선사 금오(金烏, 1896~1968) 스님이 젊었을 때인 1920년대 초기, 스님은 당대의 선지식인 수월(水月) 스님을 뵙고 지도를 받기 위해 만주 봉천으로 향했습니다.
　그런데 조선과 만주와 러시아 땅이 합해지는 회령지방을 조금 지나 막 러시아 땅에 발을 들여놓았을 때, 마적떼들이 어느 부잣집을 털다가 반항하는 주인을 죽인 강도 살인사건이 발생했습니다. 갑자기 남편을 잃은 부잣집 안주인은 제정신이 아니었고, 범인 검거에 혈안이 되어 있던 러시아 경찰들은 불심검문을 하다가 장비처럼 생긴 금오스님을 체포하여 그 부인에게 보였습니다.
　"이 사람이 그 마적떼요?"
　"그런 것 같아요. 마적떼 대장과 비슷하게 생겼어요."
　정신이 없는 그 부인의 말 한마디에 금오스님은 완전히 범인으로 몰려 감옥에 갇히게 되었고, 고문을 당하면서 자백을 강요받아야 했습니다.

"나는 수도하는 승려이지 마적떼가 아닙니다."

러시아 경찰은 믿지 않고 밤낮없이 고문을 계속하더니, 며칠이 지나자 고문을 중단하고 감옥에만 가두어 놓는 것이었습니다.

'웬일일까? 고문을 그만두고 감옥에만 가두어 두다니……'

이렇게 고민을 하면서 지내던 어느 날, 조선인 한 명이 그 감방으로 들어왔습니다. 학교 선생인 그는 '산골짜기에 아편을 심었다가 발각되어 잡혀온 것'이라고 하면서 은근히 묻는 것이었습니다.

"스님이 살인강도의 누명을 쓰고 들어온 분입니까?"

"그렇습니다."

"스님, 범인은 이미 잡혔습니다."

"그런데 왜 나를 석방시켜 주지 않는 거요?"

"아마 스님은 이 감옥에서 나가기가 어려울 걸요!"

"왜요?"

"우선 조선사람은 나라가 없기 때문에 일본사람들이 힘을 써 주지 않습니다. 설사 러시아 쪽에서 풀어 준다고 하더라도, 조선사람이 러시아 감옥에 죄없이 갇혀 있었다는 것을 구실로 일본은 러시아에게 보상을 요구합니다. 러시아로서는 공연한 말썽거리가 생기는 것을 원치 않으므로, 차라리 감옥에서 죽도록 내버려두는 것입니다. 거기다가 보복을 두려워한 그 부잣집 안주인이 돈을 써서 스님을 풀어 주지 못하도록 하였으니……."

'큰일났구나. 이 감옥에서 살다가 죽어야 하다니! 이토록 난감하고 억울한 일이 어디에 있는가? 필경 불보살의 가피를 입어 탈출하는 수밖에는 딴 도리가 없겠구나.'

금오스님은 감옥에서 가부좌를 틀고 앉아 관세음보살을 부르기 시작했습니다. 참선도 화두도 그만두고 오로지 관세음보살의 구원만을 갈구하며 부지런히 염불하였습니다.

그런데 사흘째 되는 날 밤, 어떤 사람이 철창 바깥에 나타나 감방 안을 들여다 보더니 주위를 살피는 것이었습니다. 보는 사람이 없는 것을 확인한 그가 쇠창살 두 개를 잡고 쑥 뽑아 올리자, 쇠창살이 그대로 빠져 버렸습니다. 그는 뽑힌 쇠창살 사이로 고개를 들이밀어 스님을 향해 '씩—' 웃고는 다시 쇠창살을 꽂아 놓고 사라졌습니다.

비몽사몽간에 이 일을 접한 금오스님은 자리에서 일어나 가운데 쇠창살 두 개를 뽑아 보았습니다. 그랬더니 이상하게도 쇠창살이 쑥 뽑히는 것이었습니다. 철창을 통해 감방을 빠져나온 스님은 형무소 문 쪽으로 다가갔고, 때마침 문지기들이 졸고 있어 몰래 기어나올 수 있었습니다.

이렇게 완전히 형무소를 탈출하여 달려가다가 다리가 아파 수수밭에서 쉬고 있는데, 갑자기 말을 탄 간수들이 나타나 수색을 하기 시작했습니다. 스님이 다시 안전한 곳을 찾아 피해 가는데, 한 간수가 말을 몰아 쫓아오더니 잡으려고는 하지 않고 묻기만 하는 것이었습니다.

"탈옥수 한 명이 지나가는 것을 보지 못했소?"

"보지 못했는데요."

"이상하다. 어디로 사라졌지?"

그는 더 이상 묻지 않고 다른 곳으로 달려갔습니다.

'이것이 관세음보살의 가피로구나.'

스님은 불보살님의 은혜에 크게 감격하면서, 만주 봉천의 깊은 산림 속 토굴에 계신 수월스님을 찾아가 1년 동안 모시고 열심히 정진하였습니다.

금오스님은 후일 후학들을 지도하면서 그때의 일을 자주 들려주시고 이렇게 말씀하시곤 했습니다.

"참선하는 수좌도 가끔은 기도를 하는 것이 좋다."

이 금오스님의 말씀처럼 참선수행자도 장애가 있으면 한바탕 기도를 하는 것이 바람직합니다. 기도를 하면서 원(願)을 새롭게 가꾸고, 가피를 입을 일이 있으면 가피를 받을 수 있도록 노력하는 것이 좋습니다. 특히 목숨과 관련된 일이라면 일념의 기도를 해야 합니다. 한바탕 열심히 기도해 보십시오. 틀림없이 불보살님께서 큰 힘을 주실 것입니다.

아내의 기사회생과 관음 기도

　일제시대 평양에 살았던 유제규(劉濟奎) 거사는 평양교당(平壤教堂)에 다니다가 젊은 법사인 정지월(鄭指月) 스님으로부터 관세음보살 보문품에 관한 법문을 들었습니다. 문득 신심이 샘솟는 것을 느낀 유제규는 보문품을 베껴 부부가 날마다 보문품을 독송하였습니다.
　그렇게 매일 보문품을 외우기를 몇 달, 1928년 12월 18일 밤의 일이었습니다.
　유난히 추웠던 그날, 가족끼리 저녁식사를 마치고 이런저런 이야기를 나누다가 9시쯤 각자의 방으로 들어갔습니다. 유제규 거사는 매일의 일과대로 보문품을 세번 독송하고 '관세음보살' 3천념(三千念)을 한 다음 잠자리에 들었습니다.
　약 30분 정도 숙면을 취하였을까? 비몽사몽간에 흰옷 입은 노부인(老夫人)이 나타나서 소리치는 것이었습니다.

"정신을 차려라. 지금이 어느 때인데 잠만 자고 있느냐!"

그는 정신을 차리려 하였으나 숨이 막히고 가슴이 답답하여 몸을 일으켜 세울 수가 없었습니다. 그러자 노부인이 손을 뻗치며 일어나라고 했습니다. 이렇게 노부인의 손을 잡고 일어나서 정신을 차려 보니, 흰옷 입은 부인은 간곳이 없고 옆에 누워 자고 있던 아내가 사경을 헤매고 있는 것이었습니다.

아내는 눈이 까뒤집힌 채 말 한마디 못하고 일그러진 표정만 짓고 있었습니다. 그는 버럭 소리를 쳐서 집안 식구들로 하여금 의사를 부르도록 하였고, 자신은 아내의 몸을 주무르고 코밑을 비벼 주고 인공호흡을 시켰습니다. 그리고 목이 터져라 아내를 불렀습니다. 그러나 아내의 숨소리는 점점 더 가늘어졌고 마침내 숨을 거두고 마는 것이었습니다. 뒤늦게 온 의사도 진찰을 해보더니, 이미 숨을 거두어 어쩔 수 없다면서 포기하라는 것이었습니다.

유제규 거사는 의사에게 주사라도 한번 놓아줄 것을 간청하였지만, 심장마비라고 하면서 돌아보려고도 하지 않았습니다. 유제규 거사는 억장이 무너지는 듯하여 비통하게 울다가, 문득 보문품의 구절이 생각났습니다.

> 중생들이 곤란과 액난을 당해
> 한량없는 고통이 다다를지라도
> 관세음보살의 묘한 지혜와 힘은
> 능히 세간의 모든 고통을 구해 주시도다

신통력 모두 갖추시고
지혜와 방편 널리 닦으사
시방의 모든 국토에
몸을 나투지 않는 곳 없으시도다

衆生被困厄　　無量苦逼身
觀音妙智力　　能救世間苦
具足神通力　　廣修智方便
十方諸國土　　無刹不現身

　그는 관세음보살을 외우면서 지극한 마음으로 아내의 기사회생(起死回生)을 기원했습니다. 모든 것을 잊고 관세음보살께 매달렸습니다. 이렇게 약 30분의 시간이 흘렀을까? 한참 죽어 있었던 아내가 가늘게 호흡을 시작하더니, 정신이 드는 듯 눈을 뜨는 것이었습니다. 그리고는 아무렇지도 않은 듯이 일어나 앉았습니다.
　절망과 근심에 빠져 있다가 환호하는 가족들에게 유제규 거사의 부인은 말했습니다.
　"사경을 헤매다가 숨이 끊어지자 혼이 공중으로 둥실 떠오르더구나. 너희들은 모두 슬피 울고 있고, 네 아버지는 나를 살려 달라며 열심히 관세음보살을 부르더구나. 나도 엉겁결에 관세음보살을 따라 불렀는데, 갑자기 흰옷을 입은 부인이 나에게 약물을 한 종지 주셨단다. 그 약물을 받아 마시자 내 혼이 다시 몸 속으로 들어가면서 숨이 통하지 않겠느냐."

유제규 처사 부부는 이토록 신기하고 불가사의한 체험을 한 다음 불교를 더욱 열심히 믿었으며, 이런 사실이 평양 바닥에만 알려지는 것이 애석하여 1929년 2월의 ≪불교≫ 잡지 제56호에 투고하였던 것입니다.

정말 믿기지 않는 불보살의 가피력! 그러나 지극히 기도하는 사람들에게 지금도 불보살의 가피가 끊임없이 미치고 있습니다. 누구든지 지극하게만 해보십시오. '나'도 충분히 가피를 입을 수가 있습니다. 왜냐하면 이 법계(法界)에는 불보살의 자비와 묘지력(妙智力)이 가득 차 있기 때문입니다.

김석원 장군의 몽수경 기도

나무관세음보살 나무불 나무법 나무승
여불유인 여불유연 불법상인 상락아정
조념관세음 모념관세음 염념종심기 염불불리심
천라신 지라신 인리난 난리신 일체재앙화위진
나무마하반야바라밀

南無觀世音菩薩 南無佛 南無法 南無僧
與佛有因 與佛有緣 佛法相因 常樂我淨
朝念觀世音 暮念觀世音 念念從心起 念佛不離心
天羅神 地羅神 人離難 難離身 一切災殃化爲塵
南無摩訶般若波羅蜜

이 짧은 경문은 관세음보살께서 재난을 당한 사람의 꿈에
나타나 설한 《몽수경 夢授經》으로, 모든 재앙을 흩어 버리

는 큰 힘을 지니고 있다고 하여 예로부터 많은 사람들에 의해 독송되어 왔습니다.

일제 때 장군을 지낸 김석원(金錫源, 1893~1978)도 그러한 사람 중 한 분으로, 매일 아침저녁으로 ≪몽수경≫을 열심히 염송했습니다.

그런데 1937년의 중일전쟁 때, 산서성(山西省) 전투에 참여한 장군은 가슴에 총탄을 맞고 그자리에 쓰러졌습니다. 한참이 지난 후 정신을 차리고 일어나 보니, 다친 데 한 곳 없이 멀쩡했습니다. 너무나 이상하여 자세히 살펴보았더니, 가슴에 넣고 다닌 관세음보살 호신불(護身佛)에만 구멍이 뚫려 있었습니다.

이러한 기적이 모두 관세음보살의 보살핌 때문이라는 것을 깨달은 장군은, 그뒤부터 하루에 ≪몽수경≫ 1백 편과 관세음보살을 만번씩 불렀습니다. 일을 하면서도 관세음보살, 전쟁터에서도 관세음보살을 불러, 잠시도 입에서 관세음보살을 뗀 적이 없었다고 합니다.

이 김석원 장군처럼 깊은 믿음이 생기면 두려울 것이 없게 됩니다. 관세음보살이 언제나 나와 함께 한다고 믿으면 총알이 빗발처럼 날리는 전쟁터에 나가도 걱정할 것이 하나도 없는 것입니다. 두려움 없는 평화가 언제나 함께 하도록 하는 것, 이것이 바로 재시(財施)·법시(法施)·무외시(無畏施)의 세 가지 보시 가운데 최상으로 치는 무외시입니다.

그러므로 우리는 주위의 사람들이 두려움을 느낄 때, 기도를 통하여 무외를 이룰 수 있도록 권장할 필요가 있습니다.

"아이고, 이 일을 어떻게 하나?"

어려운 일에 부딪혀 크게 걱정하는 사람에게, "기도를 하면서 마음을 가라앉히고 가피를 구해 보라."는 한마디를 일러줄 수 있는 불자, '이러다 죽는 것이 아닐까?' 불안해 하는 사람에게 "불보살께 기도를 해보게. 불안은 물론 죽음과도 함께 해 주실테니까."라고 하면서 기도를 권할 수 있는 불자가 되어야 합니다.

진정 기도를 통하여 사람들을 두려움 없는 세계로 인도하면, 그것보다 더 큰 복을 짓는 일이 없다는 것을 기억하시기 바랍니다.

사형선고 받은 아들을 살린 어머니

지금까지 우리는 죽을 목숨을 살린 기도 이야기 몇 편을 살펴보았습니다. 이상과 같이 목숨이 달린 다급한 일이 있다면, 목숨처럼 소중한 일이 있다면 어떻게 기도를 할 것인가? 참 마음자리의 영원한 생명력, 무한한 능력이 필요하다면 어떠한 자세로 기도해야 하는가?

사력을 다한 기도! 바로 사력을 다한 기도를 하면 됩니다. "죽으면 산다"는 말이 있듯이, 사력을 다하여 기도할 때 참 마음자리의 무한능력이 분출되어 모든 소원이 이루어질 수 있는 것이고, 이를 응용하여 옛 스님들은 불전 3천배(佛前三千拜)를 수십 일 또는 수백 일 동안 행하게 하였던 것입니다.

사력을 다한 기도……. 이와 관련된 기도 이야기 한 편을 함께 음미해 보도록 합시다.

제1공화국 시절 말기에 치안국장을 지낸 이강학은 대구에서 태어났습니다. 일찍이 경찰대학을 수석으로 졸업하자, 곧바로 이승만 대통령의 눈에 띄어 30대에 치안국장이라는 높은 자리에 앉게 된 것입니다.

그리고 그의 어머니 대덕화(大德華) 보살은 불심이 지극히 돈독한 분으로 열심히 팔공산 파계사를 다녔고, 차를 타고 가다가도 먹물옷을 입은 스님만 보면 얼른 뛰어내려 큰절을 하고, 주머니를 털어서 돈 얼마라도 주어야 직성이 풀리는 분이었습니다.

대덕화 보살은 아들이 높은 권력을 쥔 치안국장이 되자 여러 절을 찾아다니며 불사(佛事)를 많이 도왔고, 사찰의 어려운 일이 있을 때마다 적극 해결해 주었습니다. 특히 당시는 자유당 말기 시절인지라, 아부하기를 좋아했던 지방의 경찰국장들은 치안국장의 어머니인 대덕화 보살이 움직일 때마다 친히 길 안내를 자청하였습니다.

하루는 팔공산의 사찰을 찾아갔더니, 경찰이 와서 주지스님을 잡아가려 하였습니다. 이유인즉, 스님이 큰 나무 하나를 베어 절 앞의 개울에 외나무다리를 놓았는데, 그것이 '산림법 위반'이라는 것이었습니다. 대덕화 보살은 길 안내를 맡은 경찰국장에게 말했습니다.

"걸음도 못 걷는 나 같은 노인이 개울을 건너다가 넘어지기라도 하면 어떻게 되겠소? 마땅히 외나무다리를 놓아야지."

"예, 지당하신 말씀입니다."

"그렇다면 이 주지스님 일도 잘 해결되겠지요?"

"여부가 있겠습니까?"

이렇게 대덕화 보살은 어려운 일의 해결사 노릇을 하였습니다. 사찰 입구의 길을 닦는 일, 법당을 짓기 위해 나무를 베는 일, 불상을 모시기 위해 돈을 모으는 일 등 당시 어렵던 절집안을 위해 헌신을 아끼지 않았던 것입니다.

그런데 이승만 정권의 부정부패를 보다 못한 학생들이 봉기하여 4·19가 일어났고, 그 와중에서 군중을 향해 '발포하라'고 명령을 내린 죄로 내무부장관이었던 최인규와 함께 이강학이 사형을 선고받게 된 것입니다.

양지가 음지되고 음지가 양지된다더니, 기정 사실화된 아들의 죽음과 함께 대덕화 보살의 집안에는 온통 차압을 하겠다는 빨간 딱지가 붙었습니다. 72세의 대덕화 보살은 울고 또 울면서 팔공산 파계사까지 50리 길을 걸어가서, 종수스님께 매달려 피눈물을 흘리며 하소연을 하였습니다.

"스님, 아들이 사형을 당하게 된다면 저는 이 세상에 10분도 더 살아 있을 이유가 없습니다. 제 목숨이라도 바칠테니 제발 아들을 살려 주십시오."

"보살님, 아들을 꼭 살리고자 하면 부처님께 매달려 보십시오. 사람의 마음대로 되지 않는 일이라면 부처님께 의지하는 길밖에 없습니다. 그렇지만 보통 기도로는 통하지 않을 것입니다. 아드님을 30년 동안 키웠으니, 30년 키운 공만큼 부처님께 공을 들여야 할 것입니다. 죽기 살기로 기도해 보십시오. 부처님의 응답이 있을 것입니다."

"어떻게 기도를 할까요?"

"아들의 사형집행은 언제쯤 있을 것 같습니까?"

"일주일 정도 있으면 처형될 것입니다."

"그럼 7일 동안 매일 3천배씩 절을 하십시오."

"예, 아들만 살릴 수 있다면······."

아들을 살리겠다는 일념으로 3천배씩 삼칠일을 하겠다고 다짐했지만, 유난히 뚱뚱한 체구의 늙은 대덕화 보살로서는 하루 3천배가 보통 힘든 일이 아니었습니다. 젊고 날렵한 사람들보다 절 한번 하는데 2,3배의 시간이 더 걸렸던 대덕화 보살. 첫날 1천배를 했을 때 그녀는 이미 파김치가 되어 있었습니다.

'아이고 죽겠다. 그놈이 죽을 팔자라면 죽고, 살 팔자라면 살겠지. 나는 못하겠다. 더 이상은 못하겠다.'

그녀는 10여 분을 누워 있다가 '내 아들이 죽으면 안된다'는 생각이 들면 다시 일어나서 절하고 또 절하고······. 이렇게 3천배를 거의 하루 종일 걸려서 끝마쳤습니다. 둘째날도 셋째날도 그녀는 첫날과 같이 고달픈 몸과 '아들을 살려야 한다'는 마음의 싸움을 하며 정말 지루하게 절을 하였습니다.

그러다가 4일째 되는 날, 대덕화 보살은 마음을 굳혔습니다.

"죽을 목숨 살리기가 어찌 쉬운 일이랴. 나는 지금 하나밖에 없는 아들을 살리고자 부처님께 기도를 드리고 있다. 일념으로 빌고 또 빌어도 이루어지기 어려운 일인데, 몸 고달픈 것을 핑계삼아 절을 할까 말까 망설이고 더구나 불평까지 하다니……. 내 목숨을 걸어 놓고 정성껏 절을 해보자. 지금 내가 선택할 수 있는 것은 이 길밖에 없다."

이렇게 결심한 그녀는 4일째부터 이를 악물고 기도하기 시작했습니다. 어느새 발가락이 부르트더니 짓물러 터졌고, 무릎은 다 벗겨져 피멍이 들었으며, 나중에는 손톱 밑에까지 멍이 들어 한 배 한 배 절을 드릴 때마다 그렇게 고통스러울 수가 없었습니다.

그렇지만 대덕화 보살은 절을 멈추지 않았습니다. 삼칠일이 거의 다 되었을 때는 기운조차 탈진되어 한번 엎드리면 머리가 무거워서 일어나기가 여간 힘들지 않았습니다. 한번 엎드리면 한참을 쉬었다 일어나고, 한번 엎드리면 또 한참 동안을 쉬고……. 이렇게 하다가 그만 순간적으로 깜빡 졸게 되었습니다.

순간, 불단 위에 앉아 계시던 부처님께서 일어나시더니, 탁자를 밟고 내려와 앞에 서는 것이었습니다. 대덕화 보살이 고개를 들어 보니, 조금 전까지 분명히 서 계셨던 부처님은 보이지 않고 웬 스님 한 분이 동냥그릇을 든 채 손을 내밀고 계셨습니다. 본래부터 보시 정신이 강했던 대덕화 보살은 평소의 버릇대로 주머니를 뒤졌습니다.

"돈이 있는지 모르겠네."

이렇게 혼자 중얼거리면서 주머니를 뒤적이자 돈 한 뭉치가 집혔습니다. 꺼내어 보니 돈은 돈인데 빨간 색의 빨갱이 돈이었고, 감촉이 쥐 껍질을 벗겨 놓은 것처럼 물컹한 것이 아주 기분이 나빴습니다. 액수를 세어 볼 것도 없이 몽땅 드렸더니, 스님이 그것을 받고는 품속에서 하얀 카드 한 장을 꺼내 주는 것이었습니다. 대덕화 보살은 무엇인지도 모른 채 그것을 받았고, 정신을 차려 보니 꿈이었습니다.

그리고 다시 무거운 몸을 일으켜 남은 절을 계속하였는데, 마지막 3천배가 끝나갈 무렵 법당 밖에서 스님의 음성이 들려왔습니다.

"보살님! 살았습니다. 아드님이 살게 되었어요!"

"예? 살았다구요?"

"방금 내무부장관을 지낸 최인규는 사형이 확정되고, 아드님은 15년 징역으로 감해졌다는 라디오 방송이 있었습니다."

그뒤 이강학은 몇 년 형을 살다가 특별사면이 되었고, 미국으로 이민을 떠났습니다.

만약 대덕화 보살의 이러한 기도가 없었다면 이강학은 틀림없이 죽었을 것입니다. 곧 사력을 다한 어머니의 기도가 아들을 살린 것입니다. 이처럼 지극한 기도는 '나'의 업이 아닌 다른 사람의 업까지도 능히 녹일 수 있습니다.

일찍이 부처님께서는 "살인 등의 큰 죄를 범하였을지라도 불보살님 전에 지극히 기도를 하여 서상(瑞相)을 입으면 죄가 다 소멸된다."고 하셨습니다. 기도를 지극히 하면 어떠한 업장도 소멸될 수 있습니다.

이 세상의 일이란 낮과 밤의 원리와 같은 것입니다. 어둠이 다하면 밝음이 오고, 밝음이 다하면 어둠이 오게 되어 있습니다. 이를 기도에 적용시켜 보면, 어둠은 업장이요 밝음은 가피입니다. 업장이 두터워 뜻과 같이 되지 않을 때 일월과 같은 부처님의 자비에 의지해 보십시오. 틀림없이 어두운 것이 사라지고 밝음이 오게 되어 있습니다.

문제는 오직 나의 정성이니, 만약 업장이 두텁다면 사력을 다해 목숨을 걸고 기도해야 할 것입니다.

삼풍 붕괴 현장의 기적 같은 생환

　1995년 6월 29일 오후 5시 55분. 순식간에 일어난 서울 서초동 삼풍백화점의 붕괴사고는 온 나라를 경악 속으로 밀어 넣었습니다. 5백명 이상의 생명을 앗아간 인재(人災). 서울의 한 최고급 백화점의 붕괴가 가져다 준 충격! 사람들은 한동안 삶의 방향을 잃은 듯 애만 태워야 했습니다.
　그러한 우리에게 희망과 용기를 심어 준 기적이 있었습니다. 사지(死地)에서 230여 시간 만에 구출되어 첫번째 기적을 연출한 20세의 최명석(崔明錫)군, 285시간 만에 극적으로 생환한 18세의 유지환(柳智丸)양, 19세 소녀의 힘으로 죽음과의 싸움에서 당당히 승리하고 377시간 만에 제3의 기적을 일궈낸 박승현(朴勝賢)양.
　그런데 이들의 기적적인 생환 뒤에 하나같이 기도와 관세음보살의 가피가 있었다는 것을 아는 사람은 그렇게 많지 않습니다. 특히 물 한 모금 먹지 않고 15일 17시간을 버틴 박승현 양의 생존은 우리 불자들에게 큰 교훈을 안겨 주고 있습니다.

간밤에 놀러온 고등학교 동창 정원이와 밤늦게까지 애기를 나누다 새벽에야 잠이 든 탓인지 승현이가 6월 29일 아침에 눈을 떴을 때는 몸이 찌뿌듯한 상태였습니다. 그날은 원래 비번이었지만, 집안 일이 있다는 선희 언니와 근무 날짜를 교대하였던 것입니다. '바꾸지 말 것을 그랬다'는 생각까지 하면서 친구 정원이와 삼풍백화점으로 함께 출발했습니다.

오후 5시 50분. 정원이와 함께 지하 3층 식당에서 간식을 먹은 승현이는 지하 1층의 아동복 코너로 갔고, 정원이는 에스컬레이터를 타고 2층 매장으로 향했습니다. 승현이가 매장 안의 카운터 앞에 서 있는데, 갑자기 바닥이 "쿵" 소리를 내며 크게 흔들리더니 천정에 붙어 있는 벽돌들이 눈앞으로 떨어지기 시작하는 것이었습니다.

"승현아! 피해!"

누군가가 소리를 쳤지만 바닥이 흔들리고 먼지가 앞을 가려 한 발자국도 움직일 수가 없었습니다. 순간 물탱크가 뒷머리를 때려 승현이는 쓰러졌습니다. 정신을 차려 보니 사방은 깜깜했고 뒷머리에서는 피가 흘러 뜨뜻했습니다. 옷을 찢어 머리에 댄 승현이가 조심스레 손발을 뻗어 보았더니 아무런 문제가 없었고, 몸을 옆으로 굴려 보니 두세 바퀴 구를 정도의 여유는 있었습니다.

　사방에서는 절규와 신음소리가 들렸고, 오른쪽에서는 같은 매장에서 근무하는 언니의 비명소리도 들렸습니다. 머리 뒤에서도 옆 매장에서 근무하는 언니의 힘없는 목소리가 들렸지만, 서로가 어찌할 수 없었습니다. 바닥을 만져 보니 물이 고여 있었지만 심한 냄새가 나는 녹물이어서 먹을 수가 없었습니다. 시원한 포도주스가 내내 승현이의 눈앞에 어른거렸습니다. 그런데 언제부터인가 같은 매장에 근무하는 언니의 신음소리가 들리지 않았습니다.

　"언니!"

　그러나 옆 매장의 언니만 힘없는 신음소리를 낼 뿐 같은 매장 언니의 대답은 영영 들려오지 않았습니다. 승현이는 소리를 질렀습니다. 그러자 옆 매장 언니의 꺼져가는 음성이 들려왔습니다.

　"나도 곧 죽을 것 같애……."

　"언니, 언니!"

　그러나 정적뿐이었습니다. 그때 포크레인이 머리 위를 두드리는 듯한 소리가 났습니다.

　'누가 구하러 왔는가 보다.'

　입이 바짝 탔습니다. 그러나 소리는 점점 멀어져 갔습니다. 오히려 양쪽 옆의 콘크리트 더미가 밀려들면서 팔을 제대로 뻗을 수도 없도록 만들어 버렸습니다. 오른쪽 무릎에도 콘크리트 더미가 밀려들어 무릎을 펴기도 힘들었습니다. 갑자기 죽음의 공포가 엄습해 왔습니다.

'희망을 잃어서는 안돼. 나는 꼭 살아야 해. 몇 달 전 장사가 안된다고 식당을 그만둔 엄마 아빠를 위해서도……'

동시에 승현이는 평소 다녔던 금용사 주지 월공스님의 법문이 떠올랐습니다.

"끊임없이 관세음보살을 염송하세요. 관세음보살은 중생의 소원을 천수천안(千手千眼), 천 개의 손과 천 개의 눈으로 보살펴 주십니다."

승현이는 그때부터 관세음보살을 외우기 시작했습니다. 깨어 있는 시간에는 끊임없이 관세음보살을 찾았습니다.

한편, 승현이의 어머니 고순영(高順永) 보살도 낮에는 서울교육대학교에 설치된 실종자 가족본부 임시 법당에서 열심히 관세음보살을 불렀고, 밤에는 금용사를 찾아 하루도 빠지지 않고 불공을 드렸습니다. 안팎에서 기도를 했던 것입니다.

마침내 관세음보살을 외우며 칠흑 같은 어둠 속에서 시간의 흐름마저 잊어버린 승현이가 갈증과 허기로 입술이 새까맣게 타들어 올 때쯤이었습니다.

깜빡 잠이 든 승현이에게 연초록빛 나무들이 빽빽이 들어차 있는 숲이 보였습니다. 동시에 가슴이 탁 트이는 시원한 바람도 불어왔습니다. 타는 목을 축일 수 있는 감로수도 거북의 입을 통해 흘러나오고 있었습니다.

승현이는 다시 한번 눈을 크게 뜨고 주위를 둘러보았습니다. 눈에 익은 그곳은 할머니, 어머니와 함께 자주 찾았던 월

계동 금융사였습니다. 승현이는 평소에 하던 것처럼 법당을 향해 합장을 했습니다.

그때 법당으로부터 노스님 한 분이 천천히 걸어나와, 너그러운 미소를 보이며 무언가를 승현이의 손에 쥐어 주는 것이었습니다. 그것은 빨간 사과였습니다.

"스님, 고맙습니다."

눈을 뜨자 사과는 손에 없었고, 잠깐의 자유는 꿈이었습니다. 갑자기 위에서 "탕탕탕" 소리가 들렸습니다. 때마침 지하 1, 2층 잔해 제거를 하던 안양소방서 119구조대원들이 잔해더미 속에서 높이 10㎝, 너비 30㎝ 가량의 구멍을 발견하고, 구멍을 넓히기 시작하였던 것입니다. 순간 승현이는 있는 힘을 다해 소리를 질렀습니다.

"살려 주세요."

이때가 7월 15일 오전 10시 58분. 생존자 확인 무전이 지휘본부에 전달되었고 현장과 온 나라는 환호에 휩싸였습니다. 그리고 발견된 지 불과 17분 만에 구조되어 승현이는 병원으로 향했습니다.

15일 17시간 만에 구출되어 강남성모병원으로 옮겨진 승현이를 진찰한 의사들은, "맥박이 조금 빠를 뿐, 호흡과 혈압은 거의 정상적인 상태"라고 말했습니다. 특히 의료진들은 승현이가 매몰된 후 구조될 때까지 음식은 물론, 물 한 모금 먹지 않았다는 말에 놀라움을 금치 못했습니다.

의학적으로 볼 때 물을 전혀 마시지 않은 상태에서 사람이 생존할 수 있는 기간은 보통 5~7일, 길게 잡아야 7~10일로 판단하고 있기 때문입니다. 그리고 권위 있는 의사들은 한결같이 말했습니다.

"오래 물을 먹지 않아 탈수현상이 일어나면 콩팥 기능에 이상이 먼저 발생하는데, 박승현 양은 콩팥 기능에 별로 이상이 없는 것으로 보아 물을 한 모금도 먹지 않았다는 사실이 믿기지 않는다. 만일 사실이라면 놀라운 기적으로, 의학적으로 연구의 대상이 될 것이다."

박승현 양의 상상을 초월한 기적 같은 생환! 과연 이것이 무엇입니까? 바로 관세음보살의 가피요 불보살의 불가사의한 위신력이라 하지 않을 수 없을 것입니다.

뿐만 아니라, 첫번째 기적을 보인 최명석 군의 어머니 전인자 보살도 절에서 불공을 드리는 심정으로 간절히 관세음보살을 불렀고, 유지환 양의 어머니 정광임 보살도 낮에는 자원봉사자, 밤에는 중풍으로 입원한 남편을 간호하면서 끊임없이 관세음보살을 염송하였다고 합니다.

관세음보살의 염송을 통하여 이룩된 이 세 기적은 불심(佛心)·모심(母心)의 승리요, 온 국민의 승리로서 영원히 기록되어야 마땅할 것입니다.

V
생활 속의 기도와 득력(得力)

방광을 한 장처사의 지팡이

수십 년 전 경북 예천에 장처사(張處士)라는 분이 살고 있었습니다. 이 처사는 지팡이를 하나 짚고 다니면서 어디를 가든지 지극하게 '지장보살'을 염했습니다. 어찌나 지극하게 불렀던지, 잠을 자면서도 지장보살을 염하였다고 합니다.

장처사가 죽고 난 뒤 가족들이 제상(祭床)을 차려 놓고 아침저녁으로 상식(上食)을 올렸는데, 그 제상에 올려 놓은 지팡이가 밤만 되면 방광(放光)을 하는 것이었습니다. 지팡이에서 뿜어 나온 빛이 온 방을 밝혀 불을 켜지 않아도 방이 환하게 밝았습니다. 그뒤 화장을 하면서 그 지팡이도 같이 불에 태웠는데, 지팡이의 손잡이 부분에서 사리가 나오기까지 하였습니다.

세속에 살면서도 꾸준히 염불·기도·참선을 하면, 이 장처사의 경우처럼 마음이 크게 순화되어 특별한 이적을 보이는 경우가 많습니다. 옛날에도 그러했지만, 특히 요즘은 집에서 108배를 하거나 참선하고 염불하고 불경을 항상 읽는 사람이 더욱 늘어나고 있습니다. 이것은 한국 불교가 융성해질 새로운 조짐으로, 참으로 다행한 일이라 하지 않을 수 없습니다.

  우리 모든 불자들은 각자 어떠한 모습을 취하고 있더라도 기도 등의 수행을 놓지 말아야 합니다. 출가해서는 비구·비구니의 모습으로, 재가에서는 우바새·우바이로서, 각자의 형편에 맞게 끊임없이 수행하고 선행을 닦아야 합니다. 출가한다고 해서 도가 저절로 이루어지는 것이 아니듯이, 세상에 있다고 하여 도가 달아나는 것은 아닙니다.

  비록 세속에 있을지라도 기도 등을 통하여 마음을 닦아가면, 몸만 출가하고 마음은 출가하지 못한 승려보다 훨씬 나은 것입니다. 부디 마음 닦는 일에 게을리 말기를 당부드립니다.

부자가 된 동래 온천장의 막내보살

부산 동래 온천장에는 내가 아는 보살들이 몇 있습니다. 그 중에서 나이가 제일 어리다고 하여 '막내보살'로 불리는 이에게 있었던 일입니다.

막내보살은 오래 전부터 진로소주 도매업을 하고 있었습니다. 그런데 나에게 보살계(菩薩戒)를 받고부터는 자꾸만 자신의 직업이 마음에 걸린다고 했습니다. "술 장사를 하지 말라."는 것이 보살의 십중대계(十重大戒) 중 제5계로 제정되어 있었기 때문입니다. 그래서 가끔씩 절에 갈 때마다 부처님 전에 엎드려 기도를 드렸습니다.

"부처님! 술 도매업 대신 다른 직업을 갖게 해주십시오."

이렇게 절을 찾을 때마다 빌기를 3년, 하루는 아는 사람이 와서 자꾸만 땅을 사라고 권하는 것이었습니다. 처음에는 별 생각 없이 "한번 구경이나 해볼까?" 하였는데, 거듭거듭 재촉

하는 바람에 갖고 있던 여유돈으로 땅을 사게 되었습니다.

그녀는 빈 땅을 그냥 놀리기가 아깝다는 생각이 들어, 그 땅에 울타리를 치고 조그마한 움막 한 채를 마련하였습니다. 그리고 땅을 돌볼 사람을 고용했습니다. 이렇게 사람이 살게 되다 보니 자연 식수가 필요해져서 우물을 파게 되었습니다.

인부를 사서 땅을 꽤 깊이까지 파들어 갔을 즈음, 아주 큼지막한 바위 하나가 걸려 좀처럼 진척을 보지 못했습니다. 그렇다고 새로이 다른 곳을 뚫자니 그동안의 공이 아까웠습니다.

"어렵더라도 바위를 부숩시다."

이렇게 하여 바위를 쪼개었더니, 놀랍게도 그 사이로 뜨거운 온천수가 솟아나오는 것이었습니다.

그 바람에 땅 값이 수십 배나 뛰어올라 막내보살은 큰 부자가 되었고, 그 땅에다 몇 채의 호텔을 지어 경영하게 되었습니다. 그동안 마음에 걸렸던 술 도매업은 자연스럽게 그만두게 되었던 것입니다.

생활 속의 기도. 심중의 소원을 불보살님께 고하면서 기도하다 보면, 변화의 인연이 자연스럽게 찾아들게 됩니다. 반대로 좋은 소원, 좋은 마음가짐을 가졌다가도 여건이 되지 않는다고 쉽게 포기해 버리면 결코 벗어나지도 새롭게 변화할 수도 없게 됩니다.

포기하거나 버리지 말고 수시로 기도하다 보면 보이지 않는 힘이 생겨나게 되고, 힘이 모이면 성취가 저절로 뒤따르게 되어 있는 것입니다.

마하반야바라밀을 외운 도자기공장 사장

가야산 해인사 밑의 마을은 좋은 고령토가 많이 나기 때문에 도자기공장이 매우 많습니다. 하루는 그곳의 아주 조그마한 공장으로 도자기에 새겨 넣을 글씨를 쓰러 갔더니, 사장되는 이가 '큰스님이면 관상도 잘 볼 것'이라 생각하였던지 대뜸 부탁하는 것이었습니다.

"스님, 제 관상 좀 봐 주십시오."
"아, 이 사람. 참 잘생겼네."
"돈 좀 벌겠습니까?"
"내 시키는 대로만 하면 돈을 많이 벌 수 있지."
"어떻게 하면 됩니까?"
"매일 자기 전에 '마하반야바라밀(摩訶般若波羅蜜)'을 108번씩만 부르시오. 그렇게 하면 부자가 될 수 있을 것이오."

그리고는 마하반야바라밀의 의미를 일러주었습니다. 그 사장은 마음이 참으로 순진한 사람이었던 듯, 그날부터 마하반야바라밀을 부르고 잠자리에 들었습니다. 그것도 꼭 108번만을 불렀다는 것입니다.

그렇게 두 달이 조금 지났을 때 이웃의 큰 도자기공장 주인이 와서 부탁을 했답니다.

"나는 이제 나이도 많고 하여 그만 쉬려고 하네. 우리 공장을 헐값에 넘길테니 자네가 인수하게. 모르는 사람에게 그냥 넘기기에는 그동안 너무 정도 들었고 하니……."

이렇게 하여 그 공장을 인수하였는데 그날 이후 주문량이 크게 늘더니, 저절로 가야면 제일의 부자가 되었습니다.

그 사장이 하루는 절에 쓸 도자기 그릇을 한 차 가득 싣고 와서 나에게 말했습니다.

"스님, 제가 이렇게 부자가 된 것은 모두 '마하반야바라밀'을 외운 덕분인 듯하옵니다. 스님, 이제부터는 마하반야바라밀을 천번이고 2천번이고 많이 부르고 싶은데 그렇게 해도 되지요?"

"그럼! 많이 부를 수 있으면 더욱 좋지."

그 사장은 지금도 마하반야바라밀을 열심히 외우고, 절에도 열심히 다니고 있습니다.

기도로써 보이지 않는 매듭을 풀고

우리가 살다 보면 아무런 잘못이 없는데도 가까운 사람끼리 서로 원만한 관계를 이루지 못하는 경우를 자주 접할 수 있습니다. 그렇다면 이때는 어떻게 해야 하는 것인가? 사람들은 흔히 "거래를 안하면 그만이다." "왕래를 안하면 그만이다."라고 합니다.

그러나 보지 않고 상대하지 않는다고 해도 모든 것이 해결되지 않는 관계는 많습니다. 이럴 때 해당되는 이야기입니다.

벌써 25년 전의 일입니다. 청담(靑潭) 스님께서 머무르셨던 서울 도선사의 신도 중 월남전에 참전하고 돌아온 육군 중령이 있었습니다. 일찍이 결혼 적령기를 놓친 그는 월남에서 돌아온 후, 40세가 넘어 결혼을 했습니다.

그런데 묘한 일이 있었습니다. 낮에는 아내가 그토록 사랑스럽고 아름다운데, 밤만 되면 아내가 무섭고 으시시하기까지 한 것이었습니다. 목숨을 내건 전투에 무수히 참여했던 중령이었지만, 밤만 되면 아내가 무서워 잠자리는커녕 아내가 있는 방에조차 들어갈 수 없었습니다. 매일 밤 아내의 방 주위를 맴돌며 고민을 하던 그는 차츰 야위어 갔고, 마침내 청담스님을 찾아가 속사정을 털어놓았습니다.

"아내와는 과거 전생에 맺은 원결(怨結)이 있는 모양이오. 아내에게 참회하시오."

"어떻게 하면 됩니까?"

"한밤중에 잠자고 있는 아내를 향해 세번 절하고, 아내 앞에 앉아 관세음보살을 외우면서 '내가 잘못했습니다. 잘못했습니다' 하시오."

청담스님 앞에서는 "예." 하고 돌아왔지만, 그는 도저히 수긍할 수 없었습니다.

'젠장! 잘못한 것도 없는데 마누라한테 절을 하라니. 내가 미쳤나? 안한다.'

이렇게 스스로 다짐을 했지만, 밤늦도록 잠이 오지 않아 아내의 방문을 열고 살며시 들어갔습니다. 그리고 새근새근 잠자고 있는 아내를 향해 절을 했습니다. 그러나 '잘못했습니다'라는 말을 하려니 웬지 쑥스러워 방을 나와 버렸습니다. 이튿날도 그 다음날도 그는 아내의 방으로 들어가서 절을 한두번씩 꾸벅꾸벅하고 관세음보살을 우물우물 외우다가 쫓기듯이 나왔습니다.

약 10일이 지났을 무렵, 습관적으로 아내의 방으로 가서 절을 하였는데, 문득 말할 수 없는 설움이 복받쳤습니다.

'내 신세가 어쩌다가 이렇게 되었는가? 친구들은 모두 아이 낳고 재미있게 사는데, 병신도 아닌 나는 어찌 이렇게 지내야 하는가?'

그는 눈물이 쑥 빠질 것 같은 심정이 되어 잠자고 있는 아내를 향해 울먹이며 말했습니다.

"여보, 내가 잘못했소. 용서하구려."

그런데 이상한 일이 일어났습니다. 깊은 잠에 빠져 있던 아내가 한숨을 푹 쉬며 답하듯이 잠꼬대를 하는 것이었습니다.

"휴 ―, 잘못했다니 할 수 없지."

그날 이후 모든 것은 바뀌었습니다. 밤이 되어도 아내가 무섭기는커녕 그렇게 예뻐 보일 수가 없었고, 두 사람은 찰떡궁합을 이루며 아기도 낳고 행복하게 살았다고 합니다.

사법고시에 합격한 세 청년

약 10여 년 전의 일입니다.

지금은 재가불자의 참선수련 도량으로 바뀌었지만 당시 해인사 원당암은 고시생들이 많기로 유명하였습니다. 원당암에서 공부하여 사법고시에 합격한 사람이 10여 년 동안 50명도 넘었기 때문입니다. 자연 방을 얻으려는 경쟁이 치열해지자, "돈을 2배, 3배 주겠으니 있게 해달라."는 사람도 많았습니다.

그러나 원당암 스님들이 누구입니까? 오히려 네 가지 규칙을 정하여 그 규칙을 준수하겠다는 사람들만 받아들였습니다.

첫째, 새벽예불에 참석해야 한다.

둘째, 술과 담배를 먹지 못한다.

셋째, 여자친구의 방문을 사절한다.

넷째, 주지스님 허락 없이는 바깥 출입을 금한다.

처음 이렇게 다짐하고 원당암에 있게 된 고시생 중, 3명의 학생이 몰래 해인사 관광촌으로 내려와서 술을 한잔 마시다가 주지스님께 들키고 말았습니다.

"이놈들! 당장 원당암에서 나가거라."

책보따리를 절 마당에 들어내 놓고 몽둥이를 잡은 채 호령하는 주지의 서슬에 놀라 그들은 암자 밖으로 뛰쳐나왔습니다. 그러나 집으로는 돌아갈 수 없는 노릇, 세 사람은 궁리 끝에 나를 찾아왔습니다.

"저 위의 지족암 큰스님께 찾아가 보자. 혹시 거기 있으라고 할지도 모르잖아."

그러나 방이 없는 지족암에 '있어라'고 할 수도 없는 일이라, 잠시 그들과 이야기만 나누었습니다.

"너희들, 사법고시에 꼭 합격하고 싶지?"

"예!"

"그런데 공부는 잘되지 않고?"

"예, 공부하기가 통 싫습니다."

"내가 공부하고 싶도록 해줄까? 공부 잘되도록 하는 방법이 있다."

"어떻게요?"

"너희 마음대로 안되는 것을 마음대로 할 수 있는 것이 부처님의 법 아닌가! 내가 시키는 방법대로 해볼테냐?"

"예, 공부만 잘된다면 하겠습니다."

"첫째, 너희들이 절에 와 있으니까 부처님께 절을 해야 한다. 새벽예불 목탁소리가 나거든 무조건 법당으로 달려가서

V. 생활 속의 기도와 득력(得力)   185

절 108배를 해라. 절 108배를 하면 아침에 국민체조 하는 것보다 더 좋다. 몸이 아주 건강해진다. 손가락·발가락까지도 운동이 다 되고 목운동·허리운동·발목운동까지 온 전신 운동이 다 되는 것이니까. 운동 가운데 절하는 운동보다 더 좋은 운동이 없다. 할 수 있겠느냐."

"예."

"그리고 부처님께 108배를 드리면서 '부처님, 공부가 재미있게 해주십시오. 공부가 재미있게 해주십시오. 시험에 꼭 붙게 해주십시오……' 하면서 간절히 기원해야 한다.

두번째는 잠들기 직전에 관세음보살을 부르고 자는 것이다. 먼저 코로 심호흡을 세번 또는 일곱번 하고, 관세음보살을 아주 빨리 108번을 불러라. 처음에는 3~40번밖에 못 부를 것이지만, 일단 한 숨 동안 부르고 나서 '관세음보살님! 꼭 시험에 붙게 해주십시오. 공부가 잘됩니다. 공부하는 재미가 좋습니다.' 이렇게 세번 기원을 해라. 그렇게 한 숨 염불을 세 차례 또는 일곱 차례 정도 하여야 한다."

"스님, 왜 관세음보살을 그렇게 빨리 불러야 합니까?"

"관세음보살을 천천히 부르면 생각이 서울 갔다가 대전 갔다가 부산 갔다가, 왔다갔다 하게 된다. 그럼 효과가 없어. 관세음보살을 아주 빨리 부르면, 부르기도 급한데 생각이 어디 갈 여가나 있나? 생각이 도망칠 틈이 없게 되고 마음이 하나로 모이니까 틀림없이 힘이 모이게 되는 것이다.

그리고 공부를 하다가 정신이 흐릿해지거나 마음이 풀어질 때에도 이렇게 관세음보살을 불러 보아라. 아주 큰 도움이 될 것이다."

학생들은 아주 좋아하면서 꼭 실천하겠다고 다짐하였고, 나는 그들을 데리고 원당암으로 가서 주지스님에게 부탁하였습니다.

"학생들이 잘못을 뉘우치고 앞으로 잘하겠다고 하니 한번만 용서하시오."

그날부터 시험치기 전까지 약 백일 동안 세 학생은 기도와 공부를 부지런히 하였고, 마침내 세 사람 모두 사법고시에 합격했습니다. 기쁨에 넘친 그들은 법관교육을 받기 위해 사법연수원으로 가기 직전, 커다란 케익을 사들고 나에게 찾아와서 시험장에서 있었던 무용담을 늘어놓았습니다.

"스님, 시험장에 앉아 주위를 돌아보니 모두가 백짓장 같은 얼굴을 하고 있었습니다. 제 얼굴을 가진 사람은 저희들뿐인 듯했습니다. 저희들은 시험지가 나오기까지 일심으로 관세음보살을 불렀습니다. 마음이 그렇게 편안할 수가 없었습니다."

"그런데 스님, 막상 시험문제를 받고 보니 거기에 기적이 있었습니다. 원당암 앞길을 산책하다가 갑자기, '아차! 그 문제 한번 더 보아야겠다'고 하여 꼼꼼이 다시 살펴본 문제, 부처님께 절하다가 생각이 나서 한번 더 찾아본 문제 등, 일부러 기억하고 거듭거듭 따져 봤던 문제들만 출제되어 있었습니다. 어찌 저희들이 떨어질래야 떨어질 수 있었겠습니까? 스님, 감사합니다. 모두가 스님 덕입니다."

"나도 너희들 덕에 법문할 이야깃거리가 하나 더 생겼구나. 너희들에게 감사한다."

우리 모두는 이렇게 웃음꽃을 피웠습니다.

이 산승은 간곡히 당부드립니다. 현재 일상의 기도를 하지 않고 있는 불자라면 이 기회에 꼭 실천해 보라는 것을!

아침에 일어나서는 108배, 저녁에 자기 전에는 108번 염불!

이것을 생활화하면 마음이 점차 모이고 맑아져서 언젠가는 삼매의 경지에 도달할 수 있게 됩니다. 그리고 불보살의 은근한 가피를 얻어 재난은 스스로 피해 가고 집안은 두루 편안해지며, 기쁨과 행복이 충만해지게 되는 것입니다.

기한은 스스로의 형편에 맞게 정하십시오. 평생토록 하면 가장 좋겠지만, 우선은 백일을 하나의 기한으로 삼아도 좋고, 49일을 기한으로 삼아도 좋습니다. 그것도 어렵다면 삼칠일(21일), 삼칠일도 어렵다면 일주일, 아니 단 3일이라도 좋습니다. 꼭 한번 해보십시오. 틀림없이 마음이 평화로워지고 건강도 좋아질 것이며, 소원도 성취할 수 있을 것입니다.

부디 뒷날로 미루지 말고 지금 이 자리에서 한마음으로 기도하여, 신심(信心)을 이루고 뜻을 성취하기 바랍니다.

거리에 나앉게 된 여섯 모자

부산에 살았던 김미순(金美順)이라는 보살은 남편을 일찍 여의고 자식 다섯을 키우며 힘들게 살았습니다. 재산이라고는 남편이 남겨준 집 한 채뿐인데, 그것도 친척의 보증을 섰다가 차압을 당할 위기에 놓여 있었습니다.

그때가 1975년 가을. 혹독한 추위는 다가오고 있는데, 돈 6백만원을 마련하지 못하면 아이들과 함께 거리로 나앉을 판이었던 것입니다. 친구·친척 할 것 없이 이 집 저 집을 다니면서 돈을 빌리려 하였지만, 가진 것이 없다는 것을 알고 있는 주위 사람들인지라 쉽게 빌려 주려고도 하지 않았습니다.

절망 속에서 나날을 보내었지만 묘안은 생겨나지 않았고, 마침내 그날이 사흘 앞으로 다가왔습니다.

'세 밤만 자면 저 아이들을 데리고 이 집을 떠나야 하는구나. 정말 이렇게까지 살아야 하는가? 차라리 죽는 것이 낫지

않을까?'

 그러나 죄없는 다섯 아이가 불쌍하여 죽을 수도 없었습니다. 그녀는 합장을 하고 관세음보살을 불렀습니다.

 "관세음보살님. 저는 모진 고생을 해도 좋고 이 자리에서 죽어도 좋습니다. 하지만 저 어린 자식들은 어떻게 합니까? 대자대비하신 관세음보살님! 제발 저 아이들만이라도 잘살 수 있는 길을 열어 주십시오."

 절망 속에서, 그리고 뜨거운 모성애로 그녀는 관세음보살께 빌고 또 빌었습니다. 밥맛도 나지 않았고 잠도 오지 않았습니다. 마냥 관세음보살만 불렀습니다.

 어느새 사흘이 지나 어둠이 걷히면서 동이 트고 있었습니다. 갑자기 눈물이 쑥 빠지는 것이 그녀는 도저히 감정을 주체할 수가 없었습니다. 그녀는 엉엉 울면서 소리쳤습니다.

 "관세음보살님! 살려 주세요. 제발 제발 살려 주세요."

 그때 누가 와서 대문을 두드리는 소리가 났습니다. 처음에는 조그맣게 두드리더니 점점 거칠고 세게 두드리는 것이었습니다.

 '무정한 사람들, 아침도 먹지 못한 이른 시간에 사람을 쫓아내려 몰려오다니……'

 그녀는 마지못해 대문을 열었습니다. 그런데 말을 약간 어눌하게 하는 50대의 남자가 아주 정중한 자세로 묻는 것이었습니다.

 "여기가 김미순 씨의 댁입니까?"

"그렇습니다만……."

"미순아! 나를 몰라보겠느냐? 큰오빠, 내가 바로 너의 큰오빠다."

그녀는 너무나 뜻밖이었습니다. 부모님으로부터 큰오빠는 대동아전쟁 때 징집당해 일본으로 끌려가서 죽었다고 들었고, 또 제사도 여러 번 지낸 적이 있는데 찾아온 것이 믿어지지 않았습니다. 그녀는 부모 형제들의 이름, 고향의 여러가지 상황들을 질문하여 보았고, 그는 조금도 틀림이 없이 대답하였습니다. 오누이는 끌어안고 한동안 울었습니다.

"오라버니, 죽은 줄로만 알았던 나의 큰오빠가 살아서 돌아오다니!"

"그래, 네가 놀라는 것도 당연하지. 나는 그동안 조총련과 깊이 관련이 되어 고국에 돌아오는 것은 고사하고 소식조차 전할 수가 없었단다."

그리고 그해(1975년) 추석을 기하여 주일 공관과 거류민단의 주선으로 조총련계 동포의 첫 모국 방문이 실현되었고, 그것도 조총련의 간부들에게 우선권을 준다고 하기에 얼른 신청하여 귀국하게 되었다는 것, 며칠 전에 와서 고향을 찾았더니 가족들은 모두 죽고 막내 여동생 하나만이 부산에 살고 있다는 소식을 듣고 와서 며칠을 수소문하다가 이제 비로소 찾아오게 되었다는 등의 이야기를 장황하게 늘어놓았습니다.

"그런데 미순아. 조금 전에 문 밖에서 매우 슬픈 울음소리를 들었는데, 집안에 큰일이라도 일어났느냐?"

그녀가 자초지종을 모두 이야기하자, 큰오빠는 가방에서 현찰 7백만원을 꺼내어 하나 남은 여동생에게 주었습니다.

"나는 다행히 일본에서 돈을 조금 벌었단다. 그래서 부모님이 살아 계시면 호강이라도 시켜 드리고, 형제들에게 나누어 주기 위해 조금 가지고 왔지. 이제 너밖에 남지 않았으니 이 돈은 모두 너의 것이다. 더욱이 지금은 어려운 처지에 놓여 있으니 사양하지 말고 받아라."

이렇게 하여 그녀는 다섯 아이들을 데리고 거리로 나가 앉는 신세를 면할 수 있었던 것입니다.

이 이야기처럼 사람이 살다 보면 다급한 일이 생기기 마련입니다. 생각지도 않았던 다급한 일이 발생했지만 내 마음대로도 할 수 없고 남의 도움도 받을 수 없다면 그 마음은 어떠하겠습니까? 다급한 생각에 음식맛은커녕 잠도 제대로 이룰 수 없게 됩니다.

바로 이러한 때에 지극히 기도를 하면 느닷없이 좋은 일이 찾아 들어 모든 어려움을 해결하게 됩니다. 이것이 바로 현증가피(顯證加被), 불보살께서 현실에서 바로 자비를 나타내어 가피력을 증명해 보이는 현증가피인 것입니다.

아들의 버릇을 고친 7일 삼천배 기도

흔히 사람들은 '삼천배' 하면 1993년에 열반에 드신 성철스님을 떠올리게 됩니다.

"성철스님을 찾아 뵈오려면 부처님께 3천배를 드려야 한다."

성철스님께서 3천배를 시킨 까닭은 세 가지 이유에서입니다. 첫째 부처님과의 인연을 맺기 위함이요, 둘째 참회를 위함이며, 셋째 청정한 마음으로 원력을 세우라는 것입니다.

"저 법당에 복덕(福德)과 지혜를 구족하신 부처님이 계시지 않은가. 나를 애써 만나기보다는 삼계(三界)의 대도사(大導師)이신 부처님께 경배하고 깊은 불연(佛緣)을 맺는 것이 더욱 훌륭한 일이다."

바로 이러한 성철스님과 관련된 3천배 기도 이야기 한 편을 소개하겠습니다.

어느 해 추운 겨울, 50대 초반의 보살이 해인사 백련암으로 찾아왔습니다. 가난한 시골 여인 차림의 그 보살은 성철스님을 뵙자마자 울음부터 터뜨렸습니다.

"큰스님, 저는 어떻게 살아가야 합니까?"

성철스님은 그분 특유의 무뚝뚝함으로 그녀에게 말했습니다.

"사바세계가 괴로움의 바다이니 고통스러운 게 당연하지. 그만 울고 사연이나 이야기해 보시오."

그녀는 일찍 남편을 사별(死別)하고 혼자 힘으로 농사를 지으며 두 딸과 외아들을 키웠습니다. 특히 아들을 훌륭하게 키우기 위해 소처럼 일하였고, 마침내 법대에까지 보내게 되었습니다. 그런데 아들은 날로 성격이 비뚤어지면서 사회에 대한 반발심만 가질 뿐, 공부를 하려 들지 않았습니다. 소위 운동권 학생이 된 것입니다.

어머니는 여러 차례 눈물로 아들을 타일렀으나, 아들은 전혀 들으려 하지 않았습니다. 오히려 '아무 것도 아는 것이 없는 엄마라서 자기를 전혀 이해하지 못한다'며, 날마다 술을 마시고 행패까지 부린다는 것이었습니다.

"큰스님, 저는 어떻게 해야 합니까? 차라리 제가 죽어 아들을 올바른 길로 인도할 수 있다면 제가 죽겠습니다."

"내가 시키는 대로 해보겠소? 그러면 보살의 뜻과 같이 될 것이오."

"큰스님, 정말입니까? 제 자식이 본 마음으로 돌아온다면 무슨 일이고 하겠습니다."

"오늘부터 몸과 마음을 청정히 하고 부처님께 하루 3천번씩 절을 올리면서 기도하시오. 할 수 있겠소?"

"하겠습니다. 무엇이고 아들을 위한다면 하겠습니다. 정말 3천배를 7일 동안만 하면 아들의 마음이 변할까요?"

"물론이오. 모든 것을 부처님께 맡기고 절을 하시오."

보살은 성철스님이 시키는 대로 날마다 3천배를 올렸습니다. 몸이 말할 수 없이 힘들고 고달펐지만, 아들을 올바른 길로 인도하기 위해 지성으로 절을 했습니다. 마침내 7일의 기도를 끝내고 집으로 돌아온 그녀는 피곤에 지쳐 깊은 잠 속으로 골아떨어졌습니다.

그때 술에 취한 아들이 집으로 돌아왔고, 깊이 잠이 든 어머니를 보게 되었습니다. 어머니의 무릎은 껍질이 벗겨졌고 피딱지가 앉아 있었습니다. 그리고 발등이며 손끝까지 굳은살과 물집이 생겨 있는 것이었습니다. 아들은 왠지 등골이 서늘해지는 느낌을 받았고, 갑자기 "어머니가 가엾다"는 감정이 복받치면서 생전 처음 걷잡을 수 없는 울음을 "엉엉" 터뜨렸습니다. 그는 울음소리에 놀라 깨어난 어머니에게 물었습니다.

"어머니, 어쩌다 무릎이 이렇게 되었습니까?"

어머니는 울고 있는 아들을 부여안고 함께 울음을 터뜨리며 까닭을 이야기하자, 아들은 더욱 슬피 울며 말했습니다.

"어머니, 이 불효자식을 용서해 주세요······."

다음날부터 아들은 전혀 다른 사람이 되어 있었습니다. 평소 함께 어울렸던 친구도 멀리하고, 오직 책하고만 씨름을 하는 것이었습니다. 2년이 지나 마침내 아들은 사법고시에 합격을 하였고, 어머니는 백련암으로 달려가 성철스님께 눈물을 흘리며 이 기쁜 소식을 전하였습니다.

얼마 전 나를 찾아온 신도에게 이 이야기를 하였더니, 그 아들은 서울 고등법원의 부장판사로 재직하고 있고, 어머니에 대한 효성이 아주 지극하다는 소식을 전해 주었습니다.

숲속의 부처님과 원나라 황제

 황해도 해주(海州) 가까이에 있는 북고산(北高山)에는 신광사(神光寺)라는 절이 있습니다. 이 신광사는 원나라 순제(順帝, 1333~1368 在位)가 창건한 절로서, 애틋한 창건설화가 전해지고 있습니다.
 젊은 시절, '아목가'라는 벼슬을 지냈던 순제는 반역죄에 연루되어 고려의 탐라(耽羅, 제주도)로 귀양을 왔다가, 나중에는 황해도 대청도(大靑島)로 유배되었습니다. 그곳은 감시가 별로 심하지 않은 곳이었으므로 그는 가끔씩 황해도의 명산대천을 돌아다녔습니다.
 어느 날 해주 북고산으로 간 그는 주위의 경치에 도취되어 발길이 닿는 대로 걸음을 옮기다가, 문득 수풀 속으로부터 묘한 빛이 뿜어져 나오는 것을 보았습니다. 이상하게 생각하여 가까이 다가가 보니, 숲속에는 돌부처님 한 분이 놓여 있었습니다. 그는 부처님께 절을 올리고 그 앞에 무릎을 꿇었습니다. 그런데 문득, 돌부처님이 자기의 처지와 너무나 비슷하게 느껴져서 설움이 복받쳐 오르는 것이었습니다.

"비바람 속에 몸을 맡기고 계신 불쌍한 부처님! 하지만 귀양살이를 하는 저로서는 부처님을 잘 모실 수가 없습니다."

그는 깊이 탄식하면서 그다지 크지 않은 부처님을 고이 파내어, 냇가로 가서 맑은 물로 말끔히 씻은 다음 양지 바른 바위 위에 모셨습니다. 그리고 부처님 아래 앉아 3일 동안 지극 정성 기도를 드렸습니다.

"부처님. 이렇게 귀양살이를 하는 저로서는 부처님을 제대로 모실 수조차 없습니다. 부디 저를 불쌍히 여겨 고국으로 돌아갈 수 있게 하여 주옵소서. 3개월 이내에 절을 지어 부처님을 모시겠나이다."

그는 무릎이 터져 피가 나도록 수없이 절을 했습니다. 그리고 나흘째 되는 날, 후들거리는 두 다리를 끌고 대청도로 돌아갔더니, 며칠 후 원나라 사신이 배를 가지고 모시러 와서 큰절을 올리는 것이었습니다.

"황제 폐하, 축수드리옵니다."

며칠 전 나라에 큰 변화가 생겨 그가 황제 자리에 오르게 되었다는 것입니다. 순제는 즉시 귀국하여 즉위식을 갖고, 나라 일을 돌보았습니다. 업무를 파악하고 새로운 일을 기획하다 보니 북고산의 부처님을 까마득히 잊은 채 3개월의 시간을 흘려 보내게 되었습니다.

그런데 꼭 3개월이 되는 날 밤, 꿈에 북고산 부처님이 나타나더니 아무 말씀도 않고 돌아앉는 것이었습니다. 그제사 부처님께 맹세했던 기억을 상기한 순제는 크게 뉘우치고, 곧 태감 송골아(宋骨兒)와 37명의 유명한 목수를 북고산으로 파견하여 절을 짓도록 하였습니다. 그렇게 하여 완성된 것이 '화려하기가 동방에서 으뜸'이라고 칭해졌던 해주 신광사인 것입니다.

이제까지 우리는 생활 속에서 기도를 하여 불보살의 가피를 입은 몇 편의 이야기를 살펴보았습니다. 이러한 가피는 특정인에게만 일어날 수 있는 것이 아닙니다. 누구에게나 일어날 수 있고 가능한 일입니다.

거듭 강조하지만, 기도는 우리 속에 내재된 생명력을 일깨우는 행위입니다. 우리는 기도를 통하여 지금 이 순간 '나'의 속에 있는 영원한 생명력과 무한한 능력을 불러일으켜야 합니다.

부디 마음을 하나로 모아 기도하고 또 기도하십시오. 자타(自他)가 함께 깨어나고 살아나는 기도! 그 기도 자체가 나를 밝히고 이 세상을 밝히는 등불이 된다는 사실을 명심하면서, 스스로 세운 원(願)을 따라 기도하고 또 기도하기를 간절히 당부드립니다.

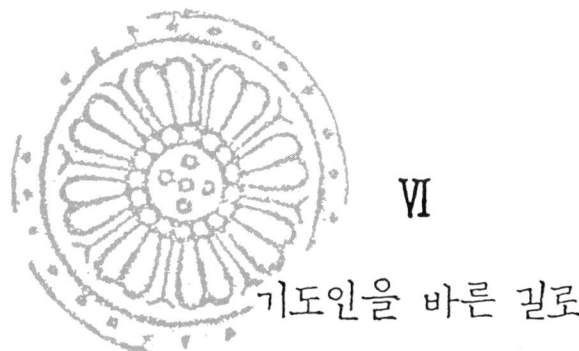

VI
기도인을 바른 길로

기도로 얻은 힘을 함부로 쓴 동월스님

기도를 하다 보면 이제까지 없었던 힘도 생기게 되고, 조그마한 깨달음이나 신통력을 얻게 되는 경우도 있습니다. 그러나 기도로써 얻은 힘은 좋게 활용해야지 개인의 이익을 위해 사용해서는 안됩니다.

먼저 이에 관한 두 편의 이야기를 살펴보고, 잘못된 삶을 바른 길로 인도한 기도영험담, 기도성취에 대한 의심을 제거하는 이야기 등을 함께 음미해 보도록 합시다.

해인사의 암자인 희랑대(希朗臺)는 예로부터 독성기도처(獨聖祈禱處)로 이름난 곳입니다. 이곳에서 기도하여 부자가 된 사람의 이야기나, 독성의 현신(現身) 등이 화제가 되어 많은 기도객들이 계속 찾아 들고 있습니다.

지금부터 약 70년 전, 낫 놓고 기역 자도 모르는 일자무식의 동월(東月) 스님은 개인의 복을 기원하며 이 희랑대에서 열심히 기도하였습니다. 오직 '나반존자'만을 큰소리로 부르면서 복을 내려 주실 것을 빌고 또 빌었습니다.

이렇게 10여 일을 기도하다가 자기도 모르는 사이에 깜빡 졸았고, 졸면서도 '나반존자'를 부르고 있었습니다. 그런데 홀연히 호랑이 한 마리가 나타나 순식간에 입 안으로 탁 뛰어들더니 뱃속까지 들어가 버리는 것이었습니다. 순간적으로 정신을 차려 눈을 번쩍 뜬 그는 정말 호랑이 한 마리를 통째로 집어삼킨 듯, 힘이 샘솟고 배가 든든함을 느꼈습니다.

동월스님은 희랑대 위의 바위로 가서 크게 한번 헛기침을 했습니다.

'어험—.'

그러자 앞산이 들썩하는 듯이 느껴졌습니다. 나반존자님께 기도하여 큰 힘을 얻었음을 확신한 동월스님은 뱃심이 생기자마자 엉뚱한 욕심부터 생겼습니다.

'해인사 큰절의 주지가 되어야지.'

이제까지 일자무식의 소치로 다른 스님 앞에서 꼼짝 못하고 살았던 동월스님으로서는 너무나 뜻밖의 변화였습니다. 스님은 곧바로 해인사로 내려갔습니다. 마침 대중스님들이 모여 새 주지를 뽑고 있었는데, 동월스님이 '어험—' 하면서 들어가자 모두가 깜짝 놀라는 것이었습니다.

"소승이 한 말씀 드리겠습니다."

"예, 예."

대중스님들은 평소 무시했던 무식쟁이 동월스님의 기도 신력(神力)에 눌려 엉겁결에 무릎을 꿇고 굽신거렸습니다.

"주지를 멀리서 구할 것 없지요."

"예, 예. 스님께서 맡아 주십시오."

이렇게 하여 동월스님은 대본산 해인사의 주지가 되었습니다. 그런데 당시의 주지는 월급제가 아니었기 때문에, 나름대로 가진 것이 있어야 권리 또한 클 수가 있었습니다. 이에 동월스님은 해인사에서 가장 수입이 좋은 큰법당과 팔만대장경을 모신 장경각(藏經閣)의 노전(盧殿, 불공드리는 직책)까지 함께 맡았습니다.

해인사 최고의 권위를 상징하는 주지와 재물까지 많이 들어오는 큰법당과 장경각의 노전을 맡은 것으로 만족을 하였더라면 좋았을텐데, 동월스님의 욕심은 여기서 그치지 않았습니다.

당시 해인사 큰법당 뒤에는 큰 구리쇠 솥이 있었는데, 그 솥은 옛날 대장경판을 만들 때 나무와 소금을 함께 넣어 삶던, 아주 초대형의 솥이었습니다. 그 솥을 팔고자 했던 동월스님은 절 밑 마을인 야로의 풀무장이를 불렀습니다.

"이 솥을 주면 쌀 몇 가마니를 줄거요?"

"열 가마니 드리지요."

"좋소."

그렇게 역사적으로도 의미가 있는 유물을 팔아 버린 날 밤, 동월스님은 오백나한들이 나타나서 밧줄로 자기 몸을 칭칭 감아 잡아당기는 꿈을 꾸었습니다. 잠에서 깨어나 '이상스럽다'고 생각하면서도, 떡국을 먹고 싶은 생각이 문득 일어났습니다.

동월스님이 화로에 냄비를 얹고 열심히 떡국을 끓이는 판인데, 밖에서 징소리 북소리가 꿍꽝꿍꽝 둥당둥당 나더니, 누군가가 크게 부르는 것이었습니다.

"주지스님 나오시오."

"노전대사 나오시오."

'웬 놈들이 아침부터 소란인가?'

동월스님이 방문을 열고 나가 보니, 가야산 안의 모든 대중스님들이 기세등등하게 모여든 것입니다.

"절을 망하게 하는 주지를 더 이상 놓아둘 수는 없다. 대중스님네의 이름으로 산문출송(山門黜送)을 명하노니 즉시 나오너라."

산문출송은 큰 죄를 범한 승려의 승권(僧權)을 박탈하고 절에서 추방하는 전통적인 제도로서, 명고출송(鳴鼓黜送)이라고도 합니다. 곧 쫓겨나는 승려의 등에 북을 짊어지게 하고 그 북을 치면서 일주문 밖으로 쫓아내기 때문에 이러한 이름이 붙여진 것입니다.

동월스님은 대중의 힘에 저항 한번 해보지 못하고 가야산 홍유동으로 쫓겨났습니다. 요즈음은 승려가 옷을 벗어도 먹고 살 길이 많지만, 당시만 하여도 절에서 쫓겨난 사람은 비승비속(非僧非俗)이라 하여 사람 취급을 받지 못했습니다. 그는 마침내 거지가 되어 이 집 저 집을 떠돌며 얻어먹어야 했습니다.

그리고 지난 날을 깊이 뉘우치며 한 푼 두 푼 돈을 모았고, 큰 돈이 모이자 동판 1백장을 사다가 장경각 기둥 밑 쪽에 한 장씩 붙였습니다. 비가 뿌려 나무기둥 밑을 썩게 만드는 것을 방지하기 위해서였습니다. 약 20여 년 전 그 동판은 보기 흉하다는 이유로 모두 제거되었습니다만, 지금도 장경각 기둥에는 동판을 붙일 때 박았던 못의 자국이 그대로 남아 있습니다.

이 동월스님의 경우처럼, 기도를 하여 신력(神力)을 조금 얻었다고 해서 힘을 남용하여서는 안됩니다. 오히려 지나친 욕심은 얻었던 복을 화로 바꾸어 놓습니다. 정말 슬기로운 사람이라면 모처럼 얻은 힘을 더욱 보람 있고 사람을 살리는 일에 써야 할 것입니다. 그러기 위해서는 기도성취 후에도 항상 겸손한 자세로 스스로를 갈고 닦는 수행을 계속해야 합니다. 참선, 선행 등을 통하여 더욱 자신을 가꾸고 다른 사람을 살려가야 하는 것입니다.

명심하십시오. 불보살이나 선신(善神)은 언제나 우리의 선량한 마음과 함께 한다는 것을!

다시 어두워진 진명거사

약 20년 전, 전주에 진명거사(眞明居士)라는 분이 살았습니다. 그는 일찍이 조계산 송광사로 출가하여 강원을 졸업한 다음, 일본으로 유학을 갔다가 한 여자를 알게 되었습니다. 전생의 깊은 인연 때문인지, 그는 여색의 깊은 수렁에서 헤어나지 못하였고, 마침내 환속을 하고 말았습니다. 그리고 해방과 함께 귀국한 아내의 가족들과 전주에 보금자리를 잡게 되었습니다.

어느덧 아이는 넷이나 생겼고, 그동안 아내가 가지고 왔던 돈은 바닥이 나고 말았습니다. 먹고 사는 것을 걱정하지 않을 수 없었으나, 배운 것이라고는 불교밖에 없었던 진명거사에게 생업을 위한 일이라고는 주어지지 않았습니다. 처자식을 먹여 살려야 한다는 생각으로 막노동판도 여러 차례 찾았지만, 체력이 달려 버는 돈보다는 오히려 약값이 더 들 지경이었습니다.

'내가 할 수 있는 일이 도대체 무엇인가? 아니다. 배운 것이 염불밖에 없는 내가 하기는 무엇을 하겠다는 것인가? 차라리 염불이나 부지런히 하자. 부처님도 무심하지는 않을 것이다.'

진명거사는 도화지에 연필로 부처님을 그려서 벽에 붙여 놓고 매일 공양을 올리며 나무동방해탈주(南無東方解脫呪)를 외웠습니다. 아내는 식당에서 일을 하고 큰아들은 신문배달을 하면서 고학을 하였지만, 그는 방안에서 해탈주만 외웠습니다. 이렇게 6년을 지낸 섣달 그믐날, 아내는 자기의 신세가 너무나 서러워 남편에게 말하였습니다.

"여보, 오늘이 섣달 그믐, 내일이 설날이에요."

"그래서 어쩌란 말이요?"

"우리는 언제까지 이렇게 살아야 합니까?"

"잔소리 말고 부처님께 올릴 마지나 준비하시오."

"산 사람 먹을 것도 없는데 연필로 그린 부처님 먹을 것이 어디 있어요?"

"친정에라도 다녀오구려."

"친정에도 염치가 있어야지."

아내는 하는 수 없이 친정으로 향했습니다. 자신의 신세 한탄과 함께 무능한 남편을 끊임없이 욕하면서……. 겨우 친정에서 쌀 한 말을 얻어 집으로 돌아온 그녀가 밥을 지어 부처님께 올리자, 진명거사가 지팡이를 들어 허벅지를 후려치며 소리를 지르는 것이었습니다.

"이 요망한 여자야. 그 더러운 밥을 어디에 올리려 하느냐!"

"더럽다니! 무엇이 더럽다는 말이오."

아내가 분을 참지 못해 엉엉 울면서 대들자 진명거사가 말했습니다.

"친정 가는 길에 당신은 이 앞 네거리를 지나면서 나에 대해 심하게 욕하였고, 다리를 건너면서 부처님에 대해서도 욕을 하지 않았소? 사람도 욕먹은 음식은 먹기를 꺼려하는데 하물며 부처님이겠소?"

'집에 있던 남편이 내가 밖에서 생각한 것을 조금도 틀리지 않게 알고 있다니?'

부인은 깜짝 놀라 잘못을 빌자 진명거사가 말했습니다.

"여보, 그동안 고생이 많았소. 앞으로 4년만 참읍시다. 좋은 일이 있을 것이오."

이때 진명거사는 6년 동안 해탈주를 부지런히 외운 결실로 신통력이 생기기 시작한 것입니다. 과연 4년이 지나자 큰아들이 사법고시에 합격하여 집안 형편이 좋아지게 되었습니다.

그러나 진명거사는 기도로써 특별한 힘을 얻고도 그것을 점검받지 않았습니다. 마땅히 도를 이룬 큰스님을 찾아가서 현재의 경지를 점검받고 더 큰 깨달음을 모색하여야 하는데도, 자기가 얻은 신통한 힘으로 사람들의 비밀을 밝히고 앞일 비추어 보기를 좋아했습니다.

그러던 어느 날, 밖에 나간 진명거사가 집으로 돌아오지 않는 것이었습니다. 검사인 큰아들은 이곳 저곳을 수소문한 결과, 아버지가 전주 경찰서에 수감되어 있음을 알고 황급히 달려갔습니다.

"아버지, 이것이 어떻게 된 일입니까?"

"글쎄, 내가 도청 앞을 지나가는데 마침 도지사가 나오더구나. 그런데 그 도지사가 자기 질녀와 관계를 맺은 나쁜 놈이라는 것이 생생하게 떠올랐지. 그래서 그놈의 멱살을 잡고 '생피 붙은 놈'이라고 야단을 쳤더니, 그의 부하들이 나를 잡아 이렇게 가두어 버렸다. 내 말을 못 믿겠거든 지금 당장 가서 내가 말하는 사람을 찾아보아라."

그리고는 자세하게 찾아갈 곳의 위치와 이름, 생긴 모습 등을 일러주는 것이었습니다. 검사인 큰아들은 형사 두 사람을 데리고 그곳에 가 보았습니다. 과연 23세 된 배부른 아가씨가 수심에 가득 찬 표정으로 그들을 맞이했고, 그 사연을 물었더니 아버지 진명거사의 말과 조금도 다르지 않았습니다.

그러나 아무리 검사라 하여도 도지사의 비행을 함부로 발설할 일은 아니었습니다. 더욱이 아버지가 계속 이 사실을 말하고 다닐 것이 두려웠습니다. 아들은 아버지를 모시고 전주에서 한 시간 정도 걸리는 깊은 산의 절로 모시고 갔습니다. 때마침 주지스님이 출타하여 마루에 걸터앉아 기다리고 있는데, 진명거사가 또 이상한 말을 하는 것이었습니다.

"애야, 지금 이 절 광 앞에서 쥐 한 마리가 서성대며, '사람들은 참, 쌀을 조금만 꺼내 주면 이렇게 힘들게 살지 않아도 되는데' 하면서 중얼대는구나. 내가 가서 쌀을 주어야겠다."
　이렇게 말하고 진명거사가 광으로 뛰어가 쌀독 속의 쌀을 한 움쿰 집어주자, 쥐는 도망을 치지도 않고 맛있게 먹는 것이었습니다. 그때 주지스님이 돌아와 호통을 쳤습니다.
　"주인 허락도 없이 사람도 못 먹는 쌀로 무슨 짓을 하고 있는 것이오?"
　"사람과 짐승이 무엇이 다르냐? 단지 덮어쓰고 있는 가죽 포대만 다를 뿐……."
　결국 아들은 그 절에 머물 수 없게 된 아버지를 집으로 데려갈 수밖에 없었습니다. 그런데 전주역 부근에 이르렀을 때 완행열차가 지나가면서 기적소리를 울렸습니다.
　"꽥—."
　순간 진명거사는 갑자기 귀가 먹고 반벙어리가 되어 버렸습니다. 그리고 채 10년도 살지 못하고 이 세상을 하직하였습니다.

　기도를 하다 보면 뜻하지 않은 능력을 얻을 때가 있습니다. 앞일을 예견하거나, 사람들의 지난 일을 알아맞추거나, 남의 마음속을 읽는 등 남다른 재주를 갖게 되는 경우가 송송 있습니다. 그러나 참된 기도인이라면 이러한 것에 재미를 느껴서는 안됩니다. 왜냐하면 이것이 마섭(魔攝)이기 때문입니다. 곧 이러한 재주가 마의 장난에 불과하다는 것입니다.
　그러므로 기도 중에 특별한 경우를 겪게 되면 훌륭한 스승을 찾아 현재의 상태를 이야기하고 나아갈 길을 제시받아야 합니다. 아무런 지도 없이 혼자서 계속하다 보면 이 진명거사처럼 끝없는 어둠의 나락으로 떨어지게 되는 것입니다.

세상에는 관세음보살의 신이 붙었다는 무당도 많고 약사불의 신이 붙었다는 점장이도 많습니다. 그런데 생각을 해보십시오. 관세음보살이나 약사여래가 귀신입니까? 부처님이나 보살님이 한푼 돈을 받고 남의 소원을 들어주거나 앞일을 예견해 주는 분입니까? 아닙니다. 절대로 아닙니다. 소위 관세음보살을 팔고 약사여래를 파는 등의 점장이들은 거의 대부분 삿된 마에 포섭되어 일시적으로 재주를 피우는 것에 불과합니다.

이 기회에 이야기하건대, 귀신에 의지하지 말고 올바른 믿음과 올바른 신념으로 사는 불자가 됩시다. 그리고 중심을 분명히 잡고 기도를 하는 불자, 헛된 것에 재미를 붙이지 않는 기도인이 되도록 합시다. 중심을 굳게 세우고 기도를 하는 이에게는 헛된 마가 장난을 칠 수 없습니다.

올바른 믿음으로 올바르게 기도하는 불자가 되기를 간곡히 당부드립니다.

조개 속의 관세음보살

　중국 당나라의 문종(文宗, 827~840 在位) 황제는 불교를 매우 깊이 믿었던 분입니다. 문종은 나라 일을 보는 틈틈이 사찰에 거동하여 부처님께 예배하고 큰스님께 법문을 들었으며, 즐겨 대중공양을 베풀기도 하였습니다. 그리고 궁궐 안의 불당에 관세음보살상을 모셔 두고 아침저녁으로 기도를 올렸습니다.
　문종의 신심이 이토록 장한 때문인지, 나라에 큰일이 있을 때 기도를 올리면 관세음보살께서 꼭 현몽을 하셨고, 그 현몽에 의해 일을 처리하면 아무리 어려운 일이라도 스르르 풀려 원만하게 해결되는 것이었습니다.
　문종은 이러한 가피가 있을 때마다 불교를 더욱 신봉하게 되었고, 마침내는 고기를 먹지 않는 식육계(食肉戒)를 지키고자 하였습니다. 이것이 그다지 어려운 일이 아니라고 생각할 수도 있겠지만, 천하진미가 가득한 왕궁에서 고기를 먹지 않는다는 것은 결코 쉬운 일이 아닙니다. 문종은 처음에는 육지에 사는 고기를 먹지 않았고, 그 다음에는 물고기를 먹지 않았습니다.

그러나 가장 즐겨 먹었던 조개류만은 쉽게 끊을 수가 없었습니다. 조개로 국도 끓여 먹고 볶아도 먹었으며, 날조개를 쪼개어 양념장에 찍어 먹기도 하였습니다.

어느 날 아침, 수라상에 큰 조개가 수북이 올라오자 문종은 벌어진 조개 속의 살을 떼어 아주 맛있게 먹었습니다. 그런데 마지막 한 조개가 껍질이 벌어지지 않는 것이라, 젓가락을 이용하여 열어 보려고 했습니다. 그러나 아무리 애를 써도 껍질이 열리지 않는 것이었습니다. 약이 오른 황제는 그 조개를 두 손으로 움켜쥐고 힘껏 뒤틀었습니다.

조개는 '쫙' 소리를 내며 쪼개졌고 조갯살을 드러냈습니다. 그런데 이것이 웬 조화입니까? 조갯살이 순식간에 변하면서 관세음보살상을 나투며 광명을 발하는 것이었습니다. 그것도 수려한 이목구비에 단정히 앉아 계신 상아로 된 관세음보살상이었습니다.

순간 황제는 크게 깨달았습니다.

"아, 내가 식육계를 지키고자 하면서도 조개류에 대한 식탐(食貪)을 끊지 못하니 관세음보살께서 조개 속에 몸을 나투어 깨우침을 주셨구나. 감사합니다. 관세음보살님……."

이후 문종은 그토록 좋아했던 조개를 먹지 않고 완벽하게 식육계를 지켰습니다. 그리고 조개 속에서 나온 관음상을 '활관음(活觀音)'으로 이름 붙여 원불(願佛)로 삼고 항상 몸에 지녔으며, 전국의 모든 사찰에 칙령을 내려 관음상을 모시게 하였습니다.

 이처럼 불보살께 마음을 모아 매일매일 기도하면 평소 가피는 물론, 그릇된 생활태도까지 바꿀 수 있는 계기가 주어집니다. 아니, 불보살께서 꼭 특별한 모습을 나타내어서가 아니라 우리 스스로가 어느덧 달라져 있는 것을 발견할 수 있게 됩니다. 꾸준히, 정말 꾸준하게 기도하는 생활인이 되어 보십시오. 매일 10분에서 30분 정도의 기도만으로도 우리는 능히 맑아지고 밝아지고 깊어질 수 있습니다. 꼭 실천하여 날마다 좋은 날을 맞이하시기 바랍니다.

관음경에 꽂힌 칼

　옛날 평안북도 묘향산 금선대(金仙臺) 밑의 희천(熙川)이라는 마을에는 안진홍(安鎭洪)이라는 사냥꾼이 살고 있었습니다. 그는 금선대 절의 신도로서, 매일 ≪관음경≫을 한 편씩 독송하였습니다. 그러나 매사냥을 생업으로 삼고 있던 그로서는 자주 살생을 하지 않을 수 없었습니다.
　어느 날, 꿩을 잡기 위해 묘향산으로 들어간 안진홍은 층암 절벽 끝에 서 있는 나무 위에 매가 새끼를 기르고 있는 것을 발견하였습니다.
　'옳지, 저 새끼들을 잡아 사냥매로 길러야지.'
　그는 나무를 기어오르다가 발을 헛디뎌 천 길 낭떠러지 아래로 떨어졌습니다. 비명과 함께 절벽 아래로 떨어지던 그는 요행히 절벽 중간 바위 틈에 자라난 큰 소나무 가지에 얹히게 되었습니다. 얼마쯤 지난 뒤 겨우 정신을 차렸으나 올라갈 수도 내려갈 수도 없는 묘한 위치였습니다.
 '정녕 나는 이렇게 죽어야 할 운명인가? 천 길 낭떠러지 중간의 소나무 위에서 아무도 모르게 죽어야 하는 팔자를 타고났단 말인가?'
 그는 죽음의 공포 속에서 별별 생각을 다 하다가 모든 것을 포기하고 관세음보살을 불렀습니다. 열심히 관세음보살을 부르며 제발 살려 줄 것을 기원하고 있는데, 절벽 아래에서 이상한 소리가 나는 것이었습니다. 자세히 보니 그것은 구렁이였습니다. 멍석을 말아 놓은 것 같은 큰 구렁이가 기어오르고 있는 것이었습니다.
 '아, 이제는 저 구렁이의 밥이 되고 말겠구나.'
 그런데 가까이까지 기어올라온 구렁이는 안진홍의 두 다리 사이로 들어가더니 더 이상 나아가지 않았고 물려고도 하지 않았습니다. 그는 무의식 중에 품속의 칼을 꺼내어 구렁이의 등에 꽂았습니다. 그러자 구렁이는 다시 위로 기어오르기 시작했고, 안진홍은 칼자루를 부여잡고 구렁이 잔등에 매달렸습니다. 구렁이는 순식간에 절벽 위의 평지에 이르렀습니다.
 그는 구렁이에 대하여 한없는 고마움을 느끼며 잔등의 칼을 빼고자 하였으나, 구렁이는 싫다는 듯 몸을 빼쳐 달아났습니다.
 잠깐 사이에 벌어진 모든 일들……. 기이한 감정에 휩싸여 집으로 돌아온 안진홍은 《관음경》을 읽고자 했습니다.
 그런데 이것이 어떻게 된 노릇입니까? 산에서 구렁이의 잔

등에 꽂았던 칼이 ≪관음경≫ 중앙에 꽂혀 있는 것이었습니다. 안진홍은 그자리에 엎드려 끊임없이 절을 올렸습니다. 그리고 맹세하였습니다.

'관세음보살께서 나의 나쁜 버릇을 고쳐 주고자 기적과 영험을 보이신 것이로구나. 오, 관세음보살님, 앞으로는 절대로 매사냥을 하지 않겠나이다.'

안진홍은 그토록 아끼고 사랑했던 매도 날려 보내고 사냥도 그만두었습니다. 그리고 집안 살림은 아들에게 맡기고 금선대로 올라가, 남은 생을 염불정진하며 지내다가 최후를 마쳤습니다.

조신스님의 사랑과 꿈

≪삼국유사≫에 기록된 이야기입니다.
 옛날 신라시대, 학덕과 계행을 겸비한 조신(調信) 스님은 서라벌 세규사(世逵寺)에 속해 있는 명주의 논밭을 관리하게 되었습니다. 이곳에서 우연히 명주 태수 김흔(金昕)의 딸을 본 조신스님은 그녀의 눈부신 미모에 매혹되어 일어나는 사모의 정을 가누지 못했습니다. 스님은 애타는 마음으로 영험 있는 낙산사 관세음보살님께 빌고 또 빌었습니다.
 '자비로우신 관세음보살님, 부디 가피를 내리시어 태수의 딸과 부부연(夫婦緣)을 맺을 수 있도록 해주십시오. 저는 한시도 그녀를 잊을 수가 없나이다. 관세음보살님……'
 남몰래 관세음보살께 빌고 또 빌었지만, 그녀는 얼마 후 다른 사람에게 시집을 가 버렸습니다. 조신스님은 애통한 마음으로, 소원을 이루어 주지 않은 관세음보살을 원망하며 날이 저물도록 슬피 울다가 관음상 밑에 쓰러져 잠이 들었습니다.

그런데 문득, 그토록 사모했던 김씨 낭자가 기쁜 낯빛으로 문을 열고 들어와서는 반가이 웃으며 이야기하는 것이었습니다.

"저는 일찍이 스님을 잠깐 뵙고 마음속 깊이 사모하게 되었습니다. 마음으로는 언제나 스님을 그리워하면서도 부모님의 명에 못 이겨 억지로 다른 사람에게 시집을 간 것입니다. 그러나 이제 죽어서라도 스님과 한 무덤에 묻히고 싶어 이렇게 찾아온 것이니 거두어 주십시오."

조신스님은 기뻐서 어쩔 줄 몰라 했고, 결국 그녀를 데리고 고향으로 돌아가 살게 되었습니다. 기쁨으로 출발한 이들 부부생활도 어느덧 40년, 이제 다섯 자녀를 두었지만 집안이 가난하여 나물죽조차 넉넉히 먹을 수가 없었습니다. 가난은 그들을 사방으로 내몰았고, 그들은 이곳 저곳을 떠돌며 구걸로써 목숨을 연명해야 했습니다.

그렇게 또 10년이 지났을 때, 열다섯 살 먹은 큰아들이 명주 해현령 고개를 지나다가 굶주림에 지쳐 죽고 말았습니다. 통곡과 함께 큰아들을 길가에 묻은 후, 남은 아이들과 함께 우곡현으로 와서 띠풀로 집을 짓고 살았지만, 그들 부부는 이미 늙고 병들고 굶주려서 자리에서 일어나지도 못했습니다.

간신히 열 살 된 딸아이가 얻어 오는 음식으로 온 식구가 연명을 하였지만, 그 딸도 마을의 개에게 심하게 물려 자리에 눕게 되었습니다. 가족 모두는 부둥켜안고 흐느껴 울었습니다. 그러다가 문득 부인이 울음을 거두며 조신에게 말했습니다.

"내가 당신과 처음 만났을 때는 얼굴도 아름답고 나이도 젊었습니다. 맛있는 음식이 생기면 당신과 나누어 먹었고, 두어 자 옷감이 생겨도 당신과 함께 지어 입었지요. 그렇게 살아온 지 50년, 정은 더할 수 없이 쌓였고 깊은 사랑도 다 이야기할 수가 없습니다.

하지만 이제 몸은 늙고 병은 날로 깊어져 추위와 배고픔을 견딜 수조차 없게 되었습니다. 산처럼 쌓인 수치심을 감추고 집집을 돌면서 구걸하여 보지만 아이들의 배고픔조차 해결할 수가 없습니다.

이런 형편에 부부의 사랑이 다 무슨 소용이 있습니까? 예쁜 얼굴, 고운 웃음은 풀잎의 이슬과 같고, 굳게 맹세한 마음도 바람에 날리는 버들가지와 다를 바가 없습니다. 당신에겐 내가 있어 짐이 되고, 나 또한 당신 때문에 괴로워하고 있습니다.

우리가 어쩌다 이렇게 되었지요? 좋을 때 함께 하고 어려울 때 헤어지는 일은 차마 못할 짓이지만, 아이들을 보아서라도 차라리 지금 헤어져 사는 것이 옳을 듯합니다."

마침 조신도 그와 같은 생각을 하고 있던 터라, 부부는 아이들을 둘씩 데리고 갈라서게 되었습니다.

"나는 고향으로 갈테니 당신은 남쪽으로 가세요."

아내의 이 말을 듣고 잡았던 손을 놓으며 돌아서는 순간,

조신스님은 꿈에서 깨어났습니다. 관음상 밑의 어스름한 등불은 홀로 너울거렸고, 밤은 이미 깊어 있었습니다.

이튿날 아침, 조신스님은 수염과 머리카락이 모두 흰색으로 바뀌어 있는 자신의 모습을 보았습니다. 태수의 딸에 대한 사랑도 눈녹듯 사라졌습니다.

조신스님은 관세음보살을 우러러보며 깊이 참회하고, 해현령 고개로 올라가 꿈에서 큰아들을 묻었던 곳을 파 보았습니다. 뜻밖에도 그곳에서는 돌미륵이 나왔습니다. 돌미륵을 깨끗이 씻어 부근의 절에다 모신 스님은, 세규사로 돌아가 논밭을 관리하는 일을 그만두고, 정토사(淨土寺)라는 절을 지어 부지런히 불법을 닦았습니다.

관세음보살은 승려 조신의 불타는 소원을 들어주지 않았습니다. 하지만 조신의 애타는 사랑을 꿈으로 풀었고, 인생이 한바탕의 꿈인 줄을 깨우쳐 주었던 것입니다. 관세음보살은 한 편의 꿈을 주었습니다. 무명(無明)이 만들어낸 세계가 꿈인 줄을 깨닫게 하고, 그 꿈에서 깨어나게끔 하는 꿈을 준 것입니다.

불보살의 큰 자비는 정법(正法)에 기초를 두고 있습니다. 그 정법에서 솟아난 대자비는 우리를 꿈속의 생활이 아닌 살아 있는 생활 속에 머물 수 있도록 합니다. 불보살은 기도하는 우리의 소리를 듣고 때로는 작은 꿈에서 깨어나도록 하고 때로는 작은 꿈도 실현시켜 줍니다. 하지만 불보살의 진실한 뜻은 언제나 대몽각(大夢覺)에 있습니다. 인생의 꿈을 깨우치고 무명의 그림자를 타파하는 대몽각에 있음을 기도하는 우리는 항상 기억해야 할 것입니다.

집에 계신 관세음보살

중국 청나라 때, 돼지를 잡는 한 백정이 있었습니다. 그 백정은 술을 많이 먹고 싸움도 즐겨 하였을 뿐 아니라, 늙은 어머니에게 욕설을 함부로 하고 가끔씩 손찌검까지 하는 불효막심한 사람이었습니다. 이러한 아들을 둔 어머니는 한탄과 괴로움 속에서 하루하루를 살아야 했습니다.

이웃에는 관음상을 모시고 매일 예배 공양하는 신도가 있었는데, 어머니의 고통을 보다 못한 그 신도는 관세음보살님을 염하면서 기도할 것을 권하였습니다.

"관세음보살님, 저의 아들이 지은 죄업을 용서하옵고, 착한 사람이 되게 해주십시오."

그후로 어머니는 한결같은 마음으로 착한 아들이 되기를 기원하였고, 아들도 차츰 불교에 관심을 갖기 시작했습니다. 어느 날 아들은 한 스님으로부터 "보타산에 관세음보살이 계시며, 관세음보살을 친견하게 되면 모든 소원을 성취할 수 있게 된다."는 이야기를 듣고 묘한 욕심이 생겨 보타산으로 향했습니다. 그러나 보타산의 여러 사찰과 동굴을 모두 찾아다녔지만, 살아 있는 관세음보살을 친견할 수는 없었습니다.

크게 실망한 채 범음동(梵音洞)으로 나아갔더니, 노스님 한 분이 많은 사람들에게 설법을 하고 있는데 아주 성스럽게 보이는 것이었습니다.

'저 스님이라면 이 산중의 일을 잘 아시리라.'

그는 노스님 앞으로 가서 공손히 절을 올리고 물었습니다.

"노스님, 이 산중에 관세음보살께서 계신다고 하던데 아무리 찾아도 만날 수가 없습니다. 노스님께서는 분명히 알고 계실 듯하오니 가르쳐 주십시오."

"네가 관세음보살을 친견하기를 진정으로 원한다면 빨리 너희 집으로 돌아가거라. 관세음보살은 너희 집에 계신다. 부디 이번에 만나거든 공경히 모셔야 한다. 그렇지 않으면 너는 그 죄로 지옥에 떨어져서 한량없는 고초를 받게 될 것이다."

"노스님, 저의 집에 계신 관세음보살은 어떤 모습을 하고 계십니까? 제가 알아보지 못한다면 헛일이 아니겠습니까?"

"네가 집에 도착하면 맨발에 이불을 뒤집어쓴 분이 마중을 나올 것이다. 그분께 엎드려 참회하고 잘 모시도록 하여라."

백정은 허겁지겁 집으로 돌아와 대문을 두드렸습니다. 이미 자정이 넘은 시각, 어머니는 잠결에 아들이 부르는 소리를 듣고 황급히 달려나갔습니다. 아들의 행패가 두려워 옷을 입을 겨를도 없이 이불을 뒤집어쓰고 맨발로 달려나갔던 것입니다.

'아! 나의 어머니가 관세음보살이었다니……'

아들은 어머니 앞에 엎드려 여러 번 절하면서 용서를 구했습니다.

"제가 관세음보살을 몰라뵈옵고 너무나 무례를 범했습니다. 어머니! 용서해 주십시오."

"아니다. 나는 너의 어머니일 뿐 관세음보살이 아니다."

"아닙니다. 보타산의 노스님께서 '이불을 덮어쓰고 맨발로 마중 나오는 분이 관세음보살'이라고 분명히 말씀하셨습니다. 여기 어머니 말고 그런 분이 또 누가 있습니까? 어머니야말로 관세음보살님의 화현임이 분명합니다."

어머니는 아들의 개과천선을 위해 관세음보살님께서 가피를 내린 것임을 깨닫고 아들에게 말했습니다.

"아들아, 나를 진정 관세음보살로 생각하느냐?"

"예."

"그렇다면 나의 말을 남김없이 듣겠느냐?"

"예."

"앞으로는 살생업을 짓는 백정 일을 그만두고 술도 먹지 말아라. 그리고 이 어미를 잘 봉양하면서 지난날의 잘못을 참회하며 살아야 한다."

"예."

그날 이후 아들은 완전히 새 사람이 되어 어머니를 극진히 모셨고, 불교를 열심히 믿었습니다.

여기서 우리는 한 가지 사실을 더 생각할 줄 알아야 합니다. 그것은 불보살님께 정성을 다하는 것만이 기도가 아니라는 것입니다.

부모에게 효도하고 가족과 화목하게 지내며 이웃과 참된 인정을 나누는 것. 이 모두가 기도입니다. 이 모두가 나에게 행복과 성취를 가져다 주는 행위입니다.

기도하는 마음가짐으로 부모·형제·자식·이웃을 대하여 보십시오. 그리고 그들의 말을 불보살님의 말이라고 생각해 보십시오. 불보살님이 나에게 욕을 한다면 내가 어떻게 받아들이겠습니까? 마땅히 배우고 깨우쳐 볼 일일 것입니다.

부디 명심하여 불보살께만 기도를 올리지 말고 화목의 기도도 함께 이루기를 당부드립니다.

시운선사의 참회

묘향산 염선봉 절벽 위의 조그마한 암자 상원암(上元庵)에는 시운선사(時雲禪師)와 혜성(慧成)이라는 어린 동자가 살고 있었습니다. 시운선사와 절친한 친구의 아들인 혜성의 본명은 최치록(崔致祿)으로, 갓난 아이 때 부모를 모두 잃고 스님을 따라와서 이 암자에 살게 된 것입니다.

시운선사는 "내 아들을 훌륭한 사람으로 키워 달라."는 친구의 유언대로 혜성이에게 정성껏 글과 무술을 가르쳤습니다. 그리고 혜성이의 나이 스물에 이르자 혜성이의 장원급제를 위한 천일 기도를 남몰래 시작하였고, 천일 기도가 끝나는 날 혜성이를 불렀습니다.

"혜성아, 이제 속세로 내려가서 과거를 보도록 하여라."

"아니되옵니다, 스님. 저는 아직 공부가 미흡할 뿐 아니라 스님을 홀로 두고 떠날 수가 없습니다. 스님, 조금만 더 있게 해주십시오."

"장원급제하여 백성들을 잘 보살피는 것도 부처님과 나의 은혜에 보답하는 일! 이제 때가 되었느니라. 더 이상 고집 부리지 말고 내려가도록 하여라."

스님의 단호한 태도에 혜성은 더 이상 보채지 못하고 길을 떠나야 했습니다.

"스님, 부디 만수무강하옵소서."

큰절을 올리고 떠나가는 혜성의 뒷모습을 보며 시운스님은 끝없이 축원했습니다.

"부처님이시여, 부디 혜성이가 입신양명하도록 은덕을 베풀어 주시옵소서."

어느덧 해가 바뀌어 화창한 봄날이 돌아오자, 시운스님은 묘향산 밑의 안주(安州)로 내려가 탁발을 했습니다. 이 집 저 집을 돌면서 적지 않은 공양미를 시주받은 스님은 암자를 향해 발길을 돌리다가 몇 가지 물건을 사기 위해 장터로 갔습니다.

스님이 막 장터로 들어섰을 때, 젊은 거지 하나가 장삼자락을 잡고 애처롭게 말하는 것이었습니다.

"스님, 한푼만 보태 주십시오. 며칠을 굶었습니다."

"나무아미타불 관세음보살."

시운스님은 엽전 몇 닢을 꺼내어 가엾은 거지의 손에 쥐어 주다가, 문득 거지의 얼굴을 보게 되었습니다.

"아니, 너는 혜성이 아니냐?"

"앗, 시운스님!"
"그렇게도 오랫동안 부처님께 빌었건만, 장원급제는 고사하고 거지 신세란 말이냐?"

시운스님은 온몸의 피가 거꾸로 치솟는 것 같았습니다. 이유가 어찌 되었건, 기구한 운명과 처참한 현실에 대한 저주와 분노가 부처님에 대한 증오로 바뀌었습니다. 스님은 몸을 돌려 상원암으로 향했습니다. 백여 리나 되는 험한 산길을 한달음에 뛰어올라온 스님은 칼을 집어 법당으로 달려들어 갔습니다.

"이 허수아비 부처야! 그렇게도 사람을 속일 수 있단 말이냐? 에잇!"

스님의 손에 들린 칼은 쇠로 만든 부처님의 복부로 향했습니다.

"찡―."

칼은 부처님의 배에 깊이 꽂혔고, 실성한 듯 시운스님은 절을 뛰쳐나왔습니다. 그리고 방방곡곡을 돌면서 먹고 싶은 대로 먹고, 하고 싶은 대로 하면서 저주의 나날을 보냈습니다. 그러다가 어언 3년의 세월이 흘렀고, 시운스님의 발걸음은 묘향산 아래에 이르렀습니다.

"상원암은 어떻게 변하였을까? 아, 부처님의 배에 꽂은 칼은 아직도 그대로 있는지……."

스님의 발길은 저절로 상원암으로 향했습니다. 마침내 잡초가 무성하게 자란 암자에 도착하여 법당 문을 열자, 배에 칼을 꽂은 부처님이 여전히 미소 띤 얼굴로 맞이하는 것이었습니다. 깊이 죄의식을 느낀 시운스님은 먼저 부처님의 배에 꽂힌 칼을 뽑아 드리려 하였습니다. 그러나 들어갈 때는 그토록 쉽게 들어갔던 칼이 아무리 힘을 써도 뽑히지 않는 것이었습니다. 할 수 있는 모든 방법을 다 동원해 보았지만 꽂힌 칼은 꿈쩍도 하지 않았습니다.

결국은 포기하고 법당 앞뜰에 앉아 옛일을 생각하고 있는데, 문득 산 아래에서 요란한 풍악소리가 들려오는 것이었습니다. 귀를 의심하여 아래로 내려다 보았더니, 여러 관속과 하인들을 거느린 행렬이 암자를 향해 올라오는 것이었습니다. 얼마 지나지 않아 절 마당이 요란해지더니 젊은 관속 하나가 소리쳤습니다.

"안주 목사 행차시오."

할 수 없이 시운스님은 목사의 행차를 맞이했습니다. 그런데 가마에서 내린 안주 목사가 스님을 향해 큰절을 올리는 것이었습니다.

"스님, 안주 목사 혜성 최치록이옵니다. 그동안 얼마나 고생이 많으셨습니까?"

"오, 혜성아! 네가 틀림없는 혜성이렷다?"

스님과 안주 목사가 된 혜성은 서로 부둥켜안고 감회의 눈물을 흘렸습니다. 곧이어 혜성은 그때 암자를 떠난 직후 몹쓸 병에 걸려 고생을 하던 중 시장에서 스님을 만났다는 것과, 그뒤 병이 나아 과거에 급제하고 안주 목사에 제수되어 가장 먼저 스님을 찾아오게 되었다는 이야기를 들려주었습니다.

잠시 후 혜성은 시운스님을 모시고 법당으로 들어갔습니다. 그리고 합장 배례한 후, 부처님께로 다가가서 배에 꽂힌 칼을 한 손으로 쉽게 뽑아 버리는 것이었습니다.

"스님, 당돌한 소행을 용서하옵소서. 실은 어젯밤 꿈에 백발 노인이 나타나서 이 칼을 빼도록 일러주셨습니다."

그리고는 뽑은 칼을 시운스님께 건네 주는데, 그 칼에는 뚜렷이 네 글자가 새겨져 있었습니다.

"시운속죄(時雲續罪)."

시운스님은 자신의 죄를 깊이 뉘우치고, 1백일 동안 단식을 하면서 행하는 참회좌선(懺悔坐禪)을 시작했습니다. 부처님 앞에 청수(淸水) 한 그릇과 부처님을 찔렀던 칼을 놓고 깊이 깊이 참회하였던 것입니다. 마침내 21일이 지나자 칼에 새겨졌던 '시운속죄'라는 글씨가 씻은 듯이 사라졌습니다. 하지만 시운스님은 참회를 멈추지 않았습니다. 그것으로 자기의 죄가 소멸될 수 없다고 생각한 것입니다.

이윽고 단식참회 30일이 되었을 때 탈진한 시운스님은 부처님 앞에 쓰러져 입적하였습니다. 그때가 1459년(세조 5) 8월이었고, 소식을 들은 안주 목사 혜성은 후히 장례를 치르고, 절기에 따라 극진히 제사를 지내 주었다고 합니다.

기도를 하다 보면 가피가 빨리 찾아올 때도 있고 늦게 찾아올 때도 있습니다. 같은 태양이 천하를 비추지만, 봉우리에는 빛이 먼저 찾아 들고 골짜기에는 빛이 나중에 찾아 드는 것과 같습니다.

 기도의 가피가 조금 늦게 찾아 든다고 하여 조급증을 낼 일이 아닙니다. 오히려 큰 애착과 큰 기대는 큰 착오를 불러일으킬 수 있습니다. 마치 이 시운스님처럼……

 이제 우리에게 보다 큰 교훈을 심어 주는 또 하나의 실화를 살펴보도록 합시다.

부처님의 영험을 입고 태어난 대각국사

　우리가 너무나 잘 알고 있는 고려의 대각국사(大覺國師) 의천(義天) 스님은 1055년(문종 9) 9월 28일, 고려 제11대 문종(文宗) 임금과 인예황후(仁睿王后) 사이에서 넷째 왕자로 태어났습니다.
　그러나 그는 태어나는 순간부터 울기 시작하여 잠시도 울음을 그치지 않았습니다. 젖을 먹여도 울고 얼러도 울고, 도무지 울음을 그칠 줄 몰랐습니다. 왕자의 탄생을 기뻐하기도 전에 왕실은 근심에 휩싸였고, 마침내 모진 병을 앓는 것이 아닌가 하여 시의(侍醫)에게 진찰토록 하였습니다.
　"대왕마마, 아무리 살펴보아도 왕자께서 우는 까닭을 알 길이 없습니다. 하오나 한 가지 분명한 것은 왕자님의 건강에는 아무런 이상이 없다는 것입니다."
　문종과 왕비는 더욱 답답할 뿐이었습니다. 그런데 이상하게도, 멀리서 은은히 들려오는 목어(木魚) 소리를 듣기만 하면 왕자가 울음을 뚝 그치는 것이었습니다.

"이것은 예삿일이 아니다. 저 목어 소리가 나는 곳을 찾아보도록 하라."

이윽고 어명을 받은 두 관리는 목어 소리가 들려오는 서쪽을 향해 길을 떠났고, 서해 바닷가에 이르자 배를 타고 계속 서쪽으로 나아가 중국 항주(杭州)의 경호(鏡湖)에 이르렀습니다. 그 호숫가에는 절이 있었고, 목어 소리는 법당 안에서 들려오는 것이었습니다.

관리는 목어를 치며 염불하는 스님께 찾아온 까닭을 말하고, 고려로 함께 가서 왕자의 병을 고쳐 주기를 청하였습니다.

"그것 참 이상한 일이오. 어디 함께 가서 봅시다."

스님은 흔쾌히 허락을 하고, 고려로 와서 왕자를 만났습니다. 그러나 왕자는 울음을 그치지 않았습니다. 이윽고 왕자를 물끄러미 내려다보고 있던 스님이 두 손을 모으고 정중히 절을 하자, 왕자는 울음을 뚝 그치고 방긋방긋 웃기까지 하는 것이었습니다. 문종은 스님에게 치하했습니다.

"스님, 정말 감사합니다. 그런데 아직 한 가지 걱정이 있습니다."

"무엇인지요?"

"왕자가 태어난 이후로 아직까지 왼손을 펴지 않고 있습니다. 억지로 펴 보기도 하였으나 도무지 펼 재간이 없습니다."

"소승이 한번 펴 보겠습니다."

천천히 왕자에게 다가간 스님이 살며시 왕자의 왼손을 잡고 몇 번 쓰다듬자 왕자는 손을 활짝 펼쳤습니다. 그런데 왕자의 조그마한 손바닥에는 '불무령(佛無靈)'이라는 세 글자가 또렷이 새겨져 있는 것이었습니다. 그 글씨를 보자마자 중국에서 온 승려는 왕자 앞에 꿇어앉아 흐느껴 울면서 소리쳤습니다.

"스님, 우리 스님! 여기서 다시 뵙게 될 줄은 꿈에도 몰랐습니다."

그리고 의아해하는 문종 임금을 돌아보며 말했습니다.

"참으로 기이한 인연입니다. 저의 스승님께서 환생(還生)하시어 왕자님이 되셨으니……."

"그것이 무슨 말씀이오?"

"저에게는 존경하고 따르던 은사스님 한 분이 계셨습니다. 그분은 본래 가마를 메고 다니던 가마꾼이었습니다. 그런데 워낙 검소하여 번 돈의 일부를 쓰고 나머지는 반드시 우물에 던져 넣어 저축을 했습니다. 몇 십 년이 지나자 우물은 돈으로 가득 차게 되었고, 평소 불교를 숭상하던 그분은 경호 호숫가에 절을 짓고 스님이 되었습니다. 그분의 덕이 높고 불심이 아주 깊어 주위 사람들의 존경을 한 몸에 받았으며, 저도 그분을 흠모하여 제자가 되었던 것입니다.

그런데 정말 알 수 없는 일이 잇달아 일어났습니다. 스님은 절을 짓고 목어를 두드리며 염불정진만 하였는데, 이상하게도 1년이 지나자 앉은뱅이가 되었고, 2년이 지나자 장님이 되어 버렸습니다. 그리고 3년이 되던 날, 벼락에 맞고 돌아가셨습니다. 그때 저는 너무도 기가 막혔습니다.
 '불심이 깊고 염불정진을 열심히 하신 스승님을 이토록 허무하게 돌아가시게 하다니! 부처님의 영험은 없는 것이 아닌가?'
 저는 허무한 마음을 누를 길 없어 은사스님의 왼쪽 손바닥에 '불무령(佛無靈)'이라는 글씨를 새긴 다음 장례를 치렀습니다."
 스님은 자신도 모르게 눈물을 흘리며 말을 이었습니다.
 "그후에도 저는 은사스님에 대한 안타까운 마음을 지울 길이 없어, 날마다 그분이 생전에 쓰시던 목어를 두드리며 명복을 빌고 있었습니다. 그런데 은사스님이 바다 건너 고려 땅에서 왕자의 몸으로 환생하셨으니……. 이제야 부처님의 참뜻을 알 것만 같습니다."
 이러한 사연을 들은 문종은 몹시 감탄하며 말했습니다.
 "불무령이 아니라 불유령(佛有靈)이구려. 그 스님이 갖가지 어려움을 한꺼번에 받을 수 있었던 것이야말로 부처님의 영험이 아니겠소? 삼생(三生)에 걸쳐 받아야 할 전생의 죄값을 3년 만에 모두 받았으니 말이오. 이제 왕자가 모든 죄를 씻고 새롭게 태어났으니 틀림없이 이 세상을 위해 큰일을 하게 될 것이오."

 이 문종의 예언처럼 뒷날 왕자는 출가하여 남달리 불도를 닦았고, 마침내 천태종(天台宗)을 세워 고려에 새로운 불교를 꽃피웠습니다. 진정 전생의 그 스님이 한 생은 앉은뱅이로, 또 한 생은 장님으로, 그리고 세번째 생에서는 벼락을 맞아 죽게 되었다면 어떻게 불도를 올바로 닦을 수 있었겠습니까? 꾸준한 기도생활이 삼생의 업을 불과 3년으로 단축시켜 자유의 몸으로 만들어 준 것입니다.

어떤 사람은 '이러한 과보조차 없으면 더 좋겠다'고 할지도 모릅니다. 물론 없을 수도 있습니다. 그러나 요행수를 바라고 기도를 하면 좋은 결과가 결코 쉽게 돌아오지 않습니다. 오히려 '기꺼이 받겠다'는 마음으로 기도하면 결과가 훨씬 수승하게 다가옵니다.

부디 진심으로 참회하는 적극적인 자세로 기도하십시오. 요행수를 바라지 말고 간절하고 지극한 마음으로 기도하십시오. 그렇게만 기도하면 반드시 불보살의 가피가 우리와 함께 하고, 그 기도가 삼매를 이루게 되면 크나큰 깨달음의 문도 열리게 되는 것입니다. 기도는 다생의 죄업을 녹입니다. 기도는 우리를 새롭게 태어나게 합니다. 기도! 그것은 우리의 진실한 마음을 성숙시키는 최고의 방편인 것입니다.

누구든지 좋습니다. 고통이 있고 갈등이 있고 진정으로 바라는 바가 있으면 기도하십시오. 지금 당장 시작해 보십시오. 틀림없이 기도를 통하여 행복과 자유와 영원한 생명력을 얻을 수 있게 될 것입니다.

읽을수록 신심을 북돋우는 일타큰스님의 법어집

광명진언 기도법 / 일타스님·김현준　　　신국판 176쪽 6,000원
광명진언 속에 새겨진 참의미와 바른 기도법, 빠른 기도성취법 등을 자상하게 설하고, 유형별 기도성취 경험담을 다양하게 수록하였으며, 누구나 보기 쉽도록 큰활자로 발간하였습니다. 광명진언을 외우면 행복과 평화, 영가천도, 소원성취를 이룰 수 있습니다.

생활 속의 기도법 / 일타스님　　　신국판 160쪽 5,500원
불교계 최대의 베스트셀러! 누구나 처할 수 있는 여러 가지 상황에 따른 구체적인 기도방법에서부터 특별기도성취법·영가천도기도법·기도할 때 지녀야 할 마음가짐까지, 자상한 문체로 예화를 섞어 쉽고 재미있게 엮었습니다.

초심-시작하는 마음　　　신국판 272쪽 9,000원
800년 동안 우리나라에서 불교를 믿는 초심자는 누구나 가장 먼저 읽었던 계초심학인문을 풀이한 이 책을 읽게 되면 진리를 향한 첫걸음을 쉽게 옮길 수 있습니다.

발심수행장-영원으로 향하는 마음　　　신국판 240쪽 8,000원
원효대사의 발심수행장을 풀이한 이 책을 읽다 보면 영원과 행복의 문을 여는 비결, 나와 남을 함께 살리는 길, 깊은 신심을 이루고 참된 발심을 하는 방법을 터득할 수 있습니다.

자경문-자기를 돌아보는 마음　　　신국판 280쪽 9,000원
야운비구의 자경문을 풀이한 이 책을 읽다 보면 인간이 윤회하는 까닭, 참된 나를 찾는 묘법, 해탈을 이루는 비결, 공부할 때 마음가짐, 깨침의 원리 등을 쉽게 알 수 있습니다.

불교 예절 입문　　　4×6판 100쪽 3,000원
불교의 예절 속에는 깊은 상징성과 깨달음의 의미가 깃들어 있습니다. 이러한 관점에서, 합장법, 절하는 법, 사찰에서의 기본예절, 법문 듣는 법 등을 새롭게 정리하여 한 권의 책으로 엮었습니다.

행복을 여는 감로법문　　　4×6판 100쪽 3,000원
일타스님 일평생 정진의 힘이 깃든 이 책은 보는 사람들에게 큰 깨우침을 줍니다. 업과 복과 수행의 요점에 대해 생전에 설하신 이 감로법문을 읽다 보면 지혜의 눈과 행복의 문을 열려면 어떻게 해야 하는지를 분명히 알 수가 있습니다.

법보시를 원하시는 분은 출판사로 연락 주십시오. 할인혜택을 드립니다.
전화 02-587-6612, 582-6612 팩스 02-586-9078